AF400526

Der Chefbettler Reloaded

Hurra, ich war Fundraiser

Olav K.F. Bouman

Impressum

Bibliografische Information der Deutschen Nationalbibliothek:
Die Deutsche Nationalbibliothek verzeichnet diese Publikation
in der Deutschen Nationalbibliografie; detaillierte
bibliografische Daten sind im Internet über http://dnb.dnb.de
abrufbar.

© 2021 Olav K.F. Bouman

Herstellung und Verlag: BoD – Books on Demand,
Norderstedt

ISBN: 9783754323267

Vorwort

2019 erschien die erste Auflage dieses Buches. Inzwischen ist viel passiert und es sind weitere Kolumnenbeiträge im Magazin FundStücke des Deutschen Fundraising Verbandes erschienen.

Die COVID19-Krise, deren Ende wir hoffentlich gerade erleben, hat die Welt für alle Menschen verändert. Davon blieben auch die gemeinnützigen Organisationen und die Menschen, die dort arbeiten, nicht verschont.

Gerade am Anfang der Krise haben sich viele Kollegen die noch nicht so lange im Metier waren, bange gefragt, ob die Krise die Spendenbereitschaft der Menschen negativ beeinflussen würde. Im ersten Moment könnte man natürlich auf diesen Gedanken kommen. Doch wie in allen Krisen, die ich in den vergangenen drei Jahrzehnten als Fundraiser erlebt habe, wirkte sich auch COVID19 nicht negativ auf das Spendenverhalten der Menschen aus.

Übrigens nicht in Österreich und der Schweiz und auch nicht in anderen Ländern. Vereinzelt hörte man sogar aus Ländern, in denen das Spenden weniger stark verbreitet ist, wie z.B. Frankreich, Spanien und Italien, dass sich die Spendenbereitschaft verbessert hat.

Ein massiver Eingriff in das Leben aller Menschen waren die Quarantäne-Maßnahmen und die Kontaktbeschränkungen in der Gesellschaft. Das führte auch zu einer ganz neuen Entwicklung in der Art miteinander zu kommunizieren und zu arbeiten. Home-

Office und Videokonferenzen wurden zum Alltag. Was man sich bis zu diesem Zeitpunkt nicht hatte träumen lassen, nämlich nicht von Angesicht zu Angesicht zusammen zu arbeiten, wurde ganz schnell zum Alltag für viele Menschen und fast alle Mitarbeiter in den gemeinnützigen Organisationen.

Und mit dem Home-Office und der digitalen Kommunikation wurden die sozialen Medien zu einem wichtigen Bestandteil unserer Arbeit. Was fast zwei Jahrzehnte Begeisterung für die Möglichkeiten der digitalen Welt nicht geschafft haben, wurde nun für viele Organisationen von einem auf den anderen Tag, zu einem festen Bestandteil im Marketing-Mix.

Für mich sind die neuen Formen der Kommunikation und die Möglichkeiten die Social Media innovativen Fundraisern bieten geradezu überwältigend. Wir erleben gerade einen massiven Kulturwandel im Zeitraffer, nicht nur in der allgemeinen Welt, sondern gerade auch im Social Marketing und damit auch dem Fundraising.

Was innovationswillige Fundraiser in den vergangenen 15 Monaten an Erfahrung im digitalen Bereich gemacht haben, ist immens. Wie gesagt ist Social Media dabei ein wichtiger Treiber, aber auch junge, risikobereite Start Up Unternehmer, beginnen den sozialen Bereich mit ihren frischen Ideen aufzumischen.

Ein besonders interessantes Beispiel war für mich dabei Thanh Binh Tran, ein junger digital Experte, der mit seinem Social-Start-Up „MoonShotMission" einen ganz neuen Ansatz der Spendengenerierung in den Markt gebracht hat. Leider konnte Moonshot Mission nicht genug Spender generieren. Aber dennoch glaube ich, es ist für uns alle förderlich, dass solche junge Innovatoren, in unseren Bereich strömen.

Eine weitere Entwicklung habe ich aus nächster Nähe miterlebt. Nämlich die Kombination von Video, Social Media und Fundraising. Als Test vor zwei Jahren von einem unserer Kunden bei DTV Germany gestartet, hat es alle Erwartungen bei der Akquise von Mitgliedern und Dauerspendern, weit übertroffen.

Von überall her hört man ähnliche Geschichten, wie durch die COVID19-Krise, positive Entwicklungen ausgelöst wurden. Die alte Weisheit, dass jede Krise letztlich auch die Chance, für Gutes in sich birgt, scheint sich zu bewahrheiten.

Ich selbst befinde mich am Ende meiner Berufstätigkeit als Fundraiser. Das sehe ich mit einem weinenden und einem lachenden Auge. Das weinende Auge bezieht sich vor allem darauf, dass ich nicht ganz freiwillig in den Ruhestand gehen muss. Ich leide an einer Autoimmunkrankheit und sie schreitet ständig fort. Dadurch kann ich nur noch vom heimischen Schreibtisch ausarbeiten. Und das auch nur noch in sehr eingeschränktem Maße.

Die Frage, die ich mir stellen musste, war, wie verbringst Du den Rest der Zeit, die Dir Gott gibt. Und die Antwort auf diese Frage war: mehr Zeit für meine Frau, meine Kinder und Enkel. Und mit meinen bisher „geheimen" Leidenschaften, dem Schreiben und der Digital Art, mehr Zeit zu verbringen.

Einem letzten Social-Marketing-Projekt werde ich mich in den kommenden Jahren jedoch noch widmen und das ist die Frage warum Menschen überhaupt spenden, wie man diese Erkenntnis nutzen kann und wie sie sich mit den Möglichkeiten einer digitalen Welt und der künstlichen Intelligenz, sinnvoll verknüpfen lässt.

Dazu arbeite ich mit Neurowissenschaftlern in den USA und Europa zusammen. Das Grundthema ist, wie sich die Neurowissenschaften, sinnvoll ins Social Marketing integrieren lassen?

Meine Arbeit daran soll das Vermächtnis sein, dass ich meinen jüngeren Kollegen und meiner Tochter, die bereits erfolgreich in meine Fußstapfen tritt, hinterlassen möchte.

Meine Gedanken gehen rund drei Jahrzehnte zurück, in die Zeit, als ich mich mit der Kommunikation und der Finanzierung von einem kleinen Theater beschäftigte. Meine erste, ehrenamtliche, Auseinandersetzung mit dem Thema Social-Marketing.

Zwei Jahre zuvor war meine Mutter gestorben und diese Erfahrung, hat meine Einstellung zu Erfolg und Lebensziel, massiv in Frage gestellt. Da kam mir dieses ehrenamtliche Projekt, nur Recht.

Bald darauf machte ich die Bekanntschaft von dem damaligen Kommunikationsgeschäftsführer der Christoffel-Blindenmission in Bensheim, Herbert G. Hassold.

Er öffnete mein Bewusstsein dafür, dass ich meine Leidenschaft, nämlich Marketing, auch in einer gemeinnützigen Organisation ausleben und zugleich etwas Sinnvolles tun kann.

Damit begann alles und als dann rund fünf Jahre später (es waren beruflich meine glücklichsten fünf Jahre), der WWF bei mir anklopfte und mich dazu bewegte einen Schleudersitz zu übernehmen, nämlich die Marketingleitung des WWF Deutschlands (fünf Vorgänger waren in vier Jahren verschlissen worden), konnte ich der Herausforderung nicht widerstehen. Die folgenden Jahre waren beruflich die spannendsten meines Lebens mit vielen Menschen, die mir sehr viel bedeuteten und mit denen mich bis heute die Erinnerung an diese tolle Zeit verbindet. Ganz besonders wurde meine Arbeit dort freilich durch die Krombacher Regenwald Kampagne und weitere über 500 Kooperationen geprägt, die ich für den WWF abgeschlossen habe.

Selbst als ich 2008 dem WWF hauptberuflich Adieu sagte, ließ mich diese grandiose Organisation nicht wieder los. Ehrenamtlich blieb ich dem WWF in Österreich weiterhin als Vorstand und dann als Aufsichtsrat bis ins Jahr 2013 verbunden, als ich aus gesundheitlichen Gründen, mein Amt niederlegen musste. Für den WWF Deutschland und WWF International war ich auch nach meinem Weggang im Mai 2008 mehrfach als externer Consultant tätig.

Für Organisationen zu arbeiten, erfordert ein ganz besonderes Mindset. Und es ist kein Klischee, dass Menschen diesem Bereich, zum Selbstausbeuten neigen – aber ich bereue keinen einzigen Tag davon.

Über dieses Buch

Im Jahr 2012 bat man mich eine Kolumne für das Magazin des Deutschen Fundraising Verbandes zu schreiben. Man gab mir freie Hand und es hat mich sehr gereizt, in diesem Format Denkanstöße zu kontroversen Themen im Fundraising und den dazugehörigen Randbereichen zu geben. Die Resonanz darauf war so gut, dass die Kolumne zur Dauereinrichtung wurde und 2017 das erste Jubiläum anstand. Fünf Jahre „Der Chefbettler – Hurra, ich bin Fundraiser". Ich bin 2012 nicht davon ausgegangen, dass die Kolumne eine solche Lebensdauer haben würde. Zu diesem Anlass bin ich die Manuskripte noch einmal durchgegangen und habe mich entschlossen die Kolumnenbeiträge in Buchform zu veröffentlichen. Es hat dann doch noch zwei weitere Jahre gedauert, bis ich die Zeit fand, die Beiträge zu sichten und zusammen zu fügen. 2019 erschien dann die erste Auflage dieses Buches.

Nun nach weiteren zwei Jahren und meinem Eintritt in den Ruhestand, wollte ich das Werk vollenden und die Kolumnen ab der Nr. 31, noch hinzufügen und ein neues Vorwort schreiben. Das hier vorliegende Werk ist das Ergebnis.

Insgesamt sind es nun 36 Kolumnen, die meiner Meinung nach, kaum an Aktualität verloren haben.

Freilich steht das Fundraising heute vor einer der größten Zeitenwenden in der Geschichte des Spendens. Die Digitale Revolution hat endlich unseren Berufszweig erreicht. Das erfordert eine neue, junge Generation von

Fundraisiern, die die Klaviatur der Digitalen Medien bravourös spielen können.

Dabei sollten sie die Lehren ihrer Vorgänger aber nicht vollkommen über Bord werfen. Quantencomputer, Neurowissenschaften und künstliche Intelligenz, werden zu wichtigen Faktoren im Fundraising des 21ten Jahrhunderts werden. Diese Entwicklungen kontinuierlich ins Fundraising miteinzubinden, ohne das Kind mit dem Bade auszuschütten, wird die große Herausforderung sein.

Ich hoffe, Sie haben beim Lesen viel Spaß und es regt Sie zum Nachdenken an.

Passen sie gut auf sich auf, in diesen seltsamen Zeiten.

Herzlichst

Olav K.F. Bouman, Oktober 2021

1. Verwaltungskosten sind gut!

Jahr für Jahr können wir lesen, dass die Spender davon ausgehen, ein Großteil ihrer milden Gaben verschwinde in dunklen Kanälen. Sie sind scheinbar der Meinung, dass zu viel Geld in die Verwaltung geht oder für nutzlose „Bettelbriefe" verschwendet wird.

Wenn man das so konzentriert in den unterschiedlichsten Medien liest, könnte man glauben, dass wir alle entweder ausgekochte Halsabschneider oder tölpelige Einfaltspinsel sind. Natürlich ist man immer gerne schnell bei der Sache, die Medien zu beschuldigen. Klar, nur eine schlechte Nachricht ist eine gute Nachricht. Aber scheinbar fallen diese schlechten Nachrichten ja auf fruchtbaren Boden. Zumindest an Stammtischen hat man mit dem neuesten „Skandal" einer Spendenorganisation jederzeit den selbstgefälligen Volkszorn auf seiner Seite. Und natürlich ist es auch eine schöne Entschuldigung für Spendenmuffel: „Ich gebe nichts, weil das Geld ja sowieso nicht ankommt"!

Aber leider sind wir auch selbst ein wenig schuld an der Misere. Seit Jahrzehnten folgen wir einem Credo und wiederholen es ständig Mantra mäßig: „Je niedriger die Verwaltungskosten, desto besser ist eine Organisation!"

Diese Formel ist ausgemachter Schwachsinn! Sie sagt nur aus, dass eine Organisation eben wenig Geld für Verwaltung ausgibt. Über die Qualität der Arbeit oder zu welchem Grad die anvisierten Ziele erreicht werden, gibt sie keinerlei Auskunft. Natürlich sollte man immer sinnvoll wirtschaften und möglichst viele Einsparpotenziale realisieren. Aber es kann doch nicht das wichtigste Ziel einer Organisation sein, möglichst wenig Kosten zu produzieren!

Wir alle haben uns große Ziele gesetzt. Ziele, die sich nicht mit einer „Geiz ist geil"-Mentalität erreichen lassen. Und wir sollten diese Ziele auch nicht einem kurzfristigen Kostendiktat opfern. Wir müssen den Begriff Verwaltungskosten bei Organisationen neu definieren. Verwaltungskosten sind gut!

NGOs haben längst wichtige Aufgaben übernommen, die Regierungen nicht mehr übernehmen können oder wollen. Ohne Verwaltungskosten gibt es keine sinnvolle Projektarbeit. Nur durch Verwaltungskosten stellen wir sicher, dass die Besten ihres Fachs an den großen Zielen mitarbeiten können, dass wir Zugang zu dem notwendigen Know-how erhalten und möglichst viele Menschen für unsere Sache begeistern können. Und: Nur durch eine gute Verwaltung lässt sich tatsächliche Misswirtschaft verhindern.

Die DFRV-Kampagne „I'm overhead" ist ein Schritt in die richtige Richtung.

2. Nur ein Traum …

Vor ein paar Jahren hatte ich einen Traum … Jeden Morgen wache ich begeistert auf! Denn sofort trifft mich die Erkenntnis: Ich bin Fundraiser. Die Welt liebt mich.

Meine Kollegen aus der Projektabteilung schätzen mich als den Kollegen, der ihre Projekte ermöglicht. Quasi der Projektarbeiter mit anderen Mitteln. Sie kämen nie auf die Idee, auf mich herabzuschauen, aus ihren moralisch einwandfreien Höhen der puren Herzensgüte, Sachlichkeit und Wissenschaft, den schnöden Mammon verachtend.

Und dann geht es gleich weiter: Geschäftsführung und Gremien sind von meiner Arbeit und meinem Knowhow über alle Maßen begeistert. Ich darf bei den wichtigsten Entscheidungen immer die Relevanz für das Fundraising mit einbringen und mitentscheiden. Das zeigt sich auch in der klaren Zielsetzung und dem strategischen Handeln in meiner Organisation. Fokussierung ist der Leitstern allen Handelns!

Da ich anerkannter Experte in Sachen „Herzerweichen" und Spenden bin, mischt sich auch nie jemand in meine Mailingtexte ein. Nie käme jemand auf die Idee, allzu emotionalisierende Passagen durch zum Weinen schwache Formulierungen oder komplizierte Sachverhalte zu ersetzen. Und spendenrelevante, nicht ausfinanzierte Projekte stehen mir immer und jederzeit zur Verfügung.

Ach, ich bin ein richtiger Glückspilz!

Und dann erst der soziale Status – schließlich BIN ich wer und erfülle eine staatstragende Rolle. Immerhin finanziere ich Aufgaben, die der Staat nicht übernehmen kann ... soll ... will. Und alle Menschen freuen sich, wenn sie meine Briefe im Briefkasten finden. Nie käme jemand auf die Idee, dass wir Geld verschwendeten oder nicht wüssten, was wir tun. Und natürlich macht sich das auch beim Einkommen bemerkbar. Fundraiser werden nämlich immer ihrer Bedeutung gemäß entlohnt. Man will eben nur die Besten. Jeden Nachmittag kann ich pünktlich das Büro verlassen, um mich meiner Familie zu widmen, denn selbstverständlich habe ich auch genügend Freizeit. Zum Glück ist Burnout in unserer Profession ein absolutes Fremdwort.

Und so gehe ich rundum glücklich zu Bett. Nur manchmal geschieht etwas sehr Merkwürdiges – ich wache auf!

Hurra, ich bin Fundraiser! Also frisch ans Werk.

3. Die Jugend ist unsere Zukunft?!

Die Jugend ist unsere Zukunft. Diesen Satz hört man immer wieder. Und natürlich möchte man diesem Satz nur aus vollem Herzen zustimmen.

Was wäre die Welt schon ohne unsere Kinder? Ohne die Hoffnung, dass es unsere Kinder einmal besser machen werden. Ohne die Hoffnung, dass sie mit neuen und frischen Ideen und jugendlichem Elan eine neue, eine noch bessere Welt schaffen werden. Und natürlich, dass sie einmal unsere Renten bezahlen.

Tja, wer sollte da noch zweifeln, dass die Jugend unsere Zukunft ist? Das scheint wohl auch der Grund zu sein, weshalb wir von selbsternannten Fundraising-Experten immer wieder zu hören bekommen, wir sollten doch nun endlich einmal jüngere Zielgruppen ansprechen. Schließlich sei die Zielgruppe der 14- bis 49-Jährigen, die relevante Altersgruppe für alle Werbetreibenden und Marketingexperten. Und diese Experten können doch wohl nicht irren, oder?

Tja, da stehen wir nun, wir Fundraiser, als belämmerte Tröpfe. Als die Unwissenden, die das Offensichtliche einfach nicht erkennen können. Die stur und uneinsichtig einfach an ihren alten Zielgruppen festhalten wollen. Unfähig, neue, kreative Wege zu gehen. Da schwillt mir doch die Zornesader!

Die Frage „Warum sprechen Sie keine anderen Zielgruppen an als ewig immer nur die Alten?" bewegt sich ungefähr auf dem gleichen intellektuellen Niveau wie die Frage „Warum mailen Sie immer zur Weihnachtszeit, da mailen doch alle?". Geht es noch einfältiger? Die Antwort ist so banal wie einfach: Weil es funktioniert! Das braucht man nicht mehr zu testen!

Dummerweise sind die Fragesteller oft der Meinung, sie hätten mit Ihrem Hinweis auf jugendliche Zielgruppen eine besonders originelle Idee zum Ausdruck gebracht. Darauf ist auch vorher noch niemand gekommen! Ein echt genialer Gedanke. Da hilft nur eins: Einfach mal die Klappe halten, wenn man keine Ahnung hat. Jüngst habe ich von einem amerikanischen Kollegen und Freund eine recht pfiffige Antwort auf den Hinweis auf jüngere Zielgruppen gehört: „Würden Sie die Kunden für Hörgeräte unter Fünfundzwanzigjährigen suchen?" Dem ist nichts hinzuzufügen.

Neben der Tatsache, dass ältere Menschen einfach besser auf Spendenaufrufe reagieren, ist es die einzige Altersgruppe, die wächst. Ganz im Gegensatz zu den jüngeren Zielgruppen. Also gute Nachrichten für alle Kollegen, die sich auf die traditionellen Zielgruppen konzentrieren und die Anfängerfehler den anderen überlassen.

Die Überschrift muss ich nun aber ändern: Das Alter ist unsere Zukunft!

4. Bloß keine Emotionen!

Ein Mann zeigt keine Gefühle! Diese Erziehungsmaxime unserer Vorväter scheint immer noch nicht dort gelandet zu sein, wo sie eigentlich hingehört – in die Mottenkiste der Erziehung.

Wie lässt es sich sonst erklären, dass es immer noch als nicht statthaft und nicht ernsthaft genug gilt, unsere Spender „allzu" emotional anzusprechen. Wobei sich die Frage aufdrängt, was ist denn „allzu" emotional und wer legt das, unter Beachtung welcher Regeln, fest? Gibt es dafür etwa Standards, oder ist es dem subjektiven Empfinden überlassen? Und wenn es subjektiv ist, wer mag sich dann anmaßen, seine Sichtweise als die einzig richtige festzuschreiben?

Und warum soll emotional denn per se schlecht sein? Was hat die Welt denn in der Vergangenheit öfter bewegt und verändert? Rationales Kalkül oder Menschen, die für ihre Sache gebrannt haben, also ihre Motivation aus starken Emotionen gezogen haben.

Aus rein rationaler Überlegung heraus hätte Christoph Kolumbus nicht in See stechen dürfen! Ghandi hätte die britische Herrschaft akzeptieren müssen! Und Martin Luther King jr. hätte nicht „I have a dream", sondern „I have a plan" rufen müssen!

Ich will hier keineswegs naiven Rührgeschichten oder sogenannter „Elendspornographie" das Wort reden. Aber insbesondere im Fundraising sollten wir die Rationalität als alles regulierendes Primat auf keinen Fall akzeptieren! Fundraising ist Emotion pur! Und das ist auch gut so! Wer das nicht akzeptiert, sollte tunlichst die Finger davonlassen.

Die Harvard University hat jüngst den Einfluss von Emotionen u. a. auf die Spendenfreudigkeit hin untersucht. Das Ergebnis kann nur Fundraising-Laien überraschen: „Bei spontanen, intuitiven Entscheidungen ist der Mensch großzügiger und kooperativer als nach einer sorgfältigen Abwägung", heißt es dort. Die Forscher entdeckten „den Zusammenhang zwischen zunehmender Entscheidungsdauer und abnehmender Bereitschaft, sich kooperativ zu verhalten" (und zu spenden, Anm. des Autors). Und letztendlich kamen sie zu dem Schluss: „Wenn man Entscheidungsträger ermutigt, komplett rational zu entscheiden, kann das den unbeabsichtigten Nebeneffekt haben, dass sie eigennütziger handeln." Das heißt, mit einer zunehmend rationalen, langwierigen und komplexen Argumentation fördern wir den menschlichen Hang zu eigennützigem Handeln und verhindern damit Spenden. Wir machen damit also unsere Spendenwerbung weniger erfolgreich, ergo verhältnismäßig teurer und verschlechtern damit deutlich unseren Verwaltungskostenanteil. Letztendlich schaden wir also den Spendern. Das heißt nicht, dass wir, um Emotionen zu wecken, unwahre Geschichten erzählen sollen. Aber wir dürfen (müssen) sie ruhig so erzählen, dass sie Emotionen wecken. Das ist unser Job.

Emotionen sind gut. Schneiden wir endlich die alten Zöpfe ab. Und ... ... dann dürfen auch Männer endlich Gefühle zeigen.

5. Da muss doch ein Verein her ...

Es ist eine menschliche Eigenart, dass, wenn sich mehr als zwei Personen mit einem Thema beschäftigen, die Wahrscheinlichkeit sehr groß ist, dass alsbald ein Verein oder ein Verband gegründet wird.

So war das wohl auch im Jahr 1993, als ein paar Pioniere im deutschen Fundraising zu dem Schluss kamen, es muss ein Verband her, um unsere Interessen zu vertreten.

Nun weiß jeder, der schon einmal mit einem Verband zu tun hatte, dass diese nach ganz eigenen Regeln funktionieren. Trotz eines gemeinsamen Ziels gibt es immer genügend Themen, bei denen unterschiedliche Meinungen aufeinandertreffen können. Dabei geht es nicht immer sanft zu und man hat den Eindruck, dass diese Spiegelfechtereien die Hauptbetätigung in manchen Verbänden sind. Und tatsächlich gab es in den vergangenen 20 Jahren im Deutschen Fundraising Verband so manche Zerreißprobe. Schwamm drüber.

Ich gehe in Gedanken die 20 Jahre zurück, die der Verband schon besteht. Was damals die Gemüter sehr bewegte, war das Thema „Professionalisierung des Fundraisings". Wobei ich mich heute noch frage, ob es das ist, was unsere Spender wirklich von uns wollen: „Wir setzen professionelle Methoden ein, um an Ihr Geld zu kommen." Ja, ja, ich weiß, dass das so nicht gemeint war. Der Beruf des Fundraisers sollte zu einer ernsthaften und anerkannten Profession werden. Am besten akademisch fundiert. Und der Verband machte sich von Anfang an dafür stark.

Ich konnte diese Diskussion dennoch nicht immer verstehen. Klar wurden und werden Fundraiser in manchen Organisationen als Underdogs angesehen; quasi Entwicklungshelfer oder Naturschützer zweiter Klasse. Das mag bei so manchem Kollegen zu einer leichten Identitätskrise führen. Aber penetrant darauf hinzuweisen, wie professionell man ist, führt in den seltensten Fällen zu größerer Achtung. Da hilft meines Erachtens nur ein gesundes Selbstvertrauen, Humor und über den Dingen zu stehen. When you want to be treated as a king, act as a king! Dennoch hatte diese Diskussion meines Erachtens eine positive Wirkung.

Auch wenn die Fundraising-Veteranen, denen ich in den neunziger Jahren begegnete, bei Weitem keine blutigen Amateure waren, sondern mit Erfahrung, gesundem Menschenverstand und Einfühlungsvermögen zu punkten wussten, waren sie dennoch meist Seiteneinsteiger, die sich ihre Kenntnisse selbst erarbeitet hatten. Oft unter Schweiß, Tränen und bitteren Niederlagen. Es war also höchste Zeit, die Nachwuchsförderung auf solide Beine zu stellen und gutes Fundraising nicht mehr dem Zufall oder Ausnahmetalenten zu überlassen. Know-how musste bewahrt und didaktisch aufbereitet dem Nachwuchs zur Verfügung gestellt werden. Solide Nachwuchsförderung war dringend nötig. Und das ist in meinen Augen eines der größten Verdienste des Verbandes in den vergangenen 20 Jahren. Deutscher Fundraising Kongress, Fundraising Akademie und viele andere

Aktivitäten wären ohne den Verband kaum denkbar gewesen. Der Verband hat die Grundlagen für eine solide und professionelle Nachwuchsförderung geschaffen. Bei allen Querelen, die den Verband seit seinem Bestehen begleitet haben, ist das ein hervorragendes Ergebnis.

In diesem Sinne wünsche ich dem Deutschen Fundraising Verband für die Zukunft alles Gute und weiterhin Erfolg beim beständigen Streben nach Exzellenz im Fundraising.

6. Das schadet unserer Glaubwürdigkeit!

Zu dem Zeitpunkt, zu dem ich diese Kolumne schreibe, begleitet uns seit Monaten schon die Schlammschlacht um den Bischof von Limburg. Wir hören von seinen Verfehlungen: Erste-Klasse-Flüge, Badewannen für astronomische Summen und falsche eidesstattliche Aussagen. Eben alles, was zu einem schönen Skandal gehört, und man kann mit Fug und Recht sagen, diese Affäre ist sowohl für den Bischof als auch für die katholische Kirche unkomfortabel.

Was mir bei der ganzen Geschichte am Rande auffällt, ist aber auch die Häme und die Scheinheiligkeit der verschiedenen Akteure. Ganz offensichtlich gibt es Kräfte, die von diesem Skandal erheblich profitieren. Ich will keineswegs den Bischof reinwaschen – ich kenne weder ihn noch die anderen Akteure persönlich. Schaut man sich aber die Fakten einmal nüchtern an, bleiben nicht mehr als ein mittelmäßiger Bauskandal und ein Bischof, der sich zu viel Luxus gegönnt hat. Unschön, aber nichts, was nicht schon einmal dagewesen wäre. Zum Teil in erheblich größerem Ausmaß. Muss das wochenlang die Schlagzeilen bestimmen?

Warum interessiert mich denn dann diese Geschichte? Ganz einfach, weil ich in diesem Zusammenhang wieder einmal ständig von der ominösen verlorenen Glaubwürdigkeit höre. Ein Wort, das uns Fundraisern sehr bekannt ist. Gerne und oft wird es eingesetzt, um allzu progressive Fundraiser kaltzustellen oder unliebsame Projekte zu stoppen. Immer, wenn ich wieder einmal während meiner Laufbahn im Fundraising die Grenzen neu verschieben wollte, begegnete mir das Allheilmittel gegen Fortschritt: „Das schadet unserer Glaubwürdigkeit!"

Als ich in der Planung zum Krombacher Regenwaldprojekt war, begegnete mir dieses Argument auf Schritt und Tritt. Zuerst intern und später dann extern. Als alten Marketingprofi hat mich dieser Vorwurf wahnsinnig getroffen. Und natürlich kam ich auch ins Grübeln. Schließlich habe ich schon früh gelernt, dass Glaubwürdigkeit eine der wichtigsten Facetten im Markendiamant ist. War ich also ein „Glaubwürdigkeitskiller"? Nach einigem Überlegen und inzwischen belegt durch die Erfahrung unzähliger Fälle wurde mir klar, dass das Argument der Glaubwürdigkeit inzwischen inflationär eingesetzt wird. Und sehr oft drückt es nicht die ehrliche Furcht vor einem Schaden der Markenidentität aus, sondern heißt einfach übersetzt: „Ich kann das nicht leiden und mir fehlen rationale Gründe dagegen."

Bitte nicht falsch verstehen; die Glaubwürdigkeit ist das wichtigste Gut einer Organisation und man sollte immer darauf achten, dass man sie schützt und pflegt. Was mich aufregt, ist, wenn sie als Waffe eingesetzt wird, um die eigene Meinung zu verteidigen oder unliebsame Dinge zu unterminieren. Denn dann werden aus den edlen „Glaubwürdigkeitsschützern" die wahren Totengräber der Glaubwürdigkeit.

Hat nun der Bischof an Glaubwürdigkeit verloren, oder gar die katholische Kirche? Ohne Frage. Aber erheblichen Anteil an diesem Glaubwürdigkeitsverlust haben all diejenigen, die sich unter dem Deckmantel, die Glaubwürdigkeit schützen zu wollen, in diesem – zugegeben unappetitlichen, aber doch überschaubaren – Skandal wochenlang gesuhlt haben.

Mein Schluss lautet daher: Die Glaubwürdigkeit ist das höchste Gut einer Organisation. Aber wie mit allen wertvollen Dingen sollte man behutsam mit ihr umgehen und nicht zu viel darüber reden. Echte Glaubwürdigkeit entsteht durch schlüssiges Handeln, nicht durch beständiges und betroffenes Beschwören. Ich wünsche uns allen den Mut, im Fundraising auch mal neue Wege zu beschreiten – mit Herz und Verstand.

7. Wenn der ROI über den gesunden Menschenverstand siegt

Als ich ein junger Mann war, also vor langer Zeit, startete ich meine Karriere im Marketing bei einem Unternehmen, das hochwertige Feuerlöscher herstellte. Zu meinen Aufgaben gehörte es, die Argumentation zu einem neuen Feuerlöscher zu entwickeln, der dreimal so teuer war wie die Konkurrenzprodukte. Das war eine schwierige Aufgabe und hat mir damals alles abgefordert.

Verglichen mit meinen späteren Aufgaben als Fundraiser, war diese frühe Erfahrung jedoch ein Spaziergang. Immerhin „verkaufen" wir als Fundraiser ein Produkt, das dem „Käufer" einen vergleichsweise geringen Nutzen bietet. Spenden kann man nicht essen oder trinken, man braucht sie auch nicht wie andere Produkte des täglichen Bedarfs, man kann damit auch nicht sein Vermögen mehren und als richtiges Statussymbol taugen sie auch nicht. Das „Produkt" Spende befriedigt nur ein vages und latent vorhandenes Bedürfnis, etwas Gutes zu tun. Also alles weiche Faktoren, um sein Geld auszugeben.

Diese Schwierigkeit ist auch der Grund, weshalb uns Einmalspenden meist wenig nutzen. Unsere wahre Aufgabe ist es, treue Förderer, also Dauerspender, zu gewinnen. Nur dann können wir die hohen Akquisitionskosten wieder einspielen und über die Zeit einen ordentlichen Deckungsbeitrag, also einen positiven Lifetime Value erzielen.

Seit einigen Jahren nun begegnet mir vermehrt der ominöse ROI in meinen Gesprächen. Gerne wird dieser Begriff insbesondere von Kollegen aus fachfremden Bereichen verwendet. Dann heißt es, meist mit bedeutungsschwangerer Miene, „wir müssen bei unseren Fundraisingaufgaben mehr auf den ROI achten" oder „was nützt eine hohe Response, wenn der ROI nicht stimmt". Warum stört mich das? Return on Investment – wer könnte dagegen schon etwas haben? Das eingesetzte Geld muss sich schließlich rentieren. Leider führt uns die Diskussion über den ROI aber oft auf die falsche Fährte. Klar ist der ROI ein interessanter Indikator, aber meist wird ihm heutzutage eine völlig falsche Bedeutung zugemessen. Der ROI wird in diesen Diskussionen meist als kurzfristiger Indikator verwendet. Nur was sich schnell rentiert, ist gut! Diese Sichtweise ist unserer heutigen Wirtschaft entlehnt. Was nicht im aktuellen Quartal oder Berichtsjahr einen Überschuss erwirtschaftet, wird radikal eliminiert. Das ist eine kurzfristig renditeorientierte Sichtweise. Und wenn uns diese Sichtweise schon in der heutigen Wirtschaft immer schneller von Hochkonjunktur zu Krise und zurückjagt, ist sie im Fundraising der sichere Weg in den Abgrund.

Unter ROI-Gesichtspunkten werden dann z.B. die Investitionen in die Neuspenderwerbung gekürzt oder in „rentablere" Methoden wie z. B. Katastrophenmailings umgeschichtet. Die schnellen Einnahmen steigen, der ROI verbessert sich rasant, sehr häufig steigt sogar die

Durchschnittsspende. Die Gremien jubeln. Solchermaßen konditioniert, wird noch ROI-orientierter investiert und der Erfolg gibt ja anfangs scheinbar auch recht. Doch langsam und meist zuerst unbemerkt beginnt die Erosion des Spenderstamms. Zuerst verlassen die weniger guten Spender die Organisation wieder. Dieser Effekt wird zuerst meist noch durch das schnelle Geld überkompensiert. Aber egal wie erfolgreich eine Organisation in der Spenderbindung ist, eine natürliche Erosion des Spenderstamms ist unvermeidlich. Meist beträgt sie 8–12%. In der Folge schmilzt der Stamm der guten Spender kontinuierlich und wird durch weniger treue Spender ersetzt. Auf lange Sicht sinken die Spenderbindung und dann irgendwann natürlich auch die Einnahmen. Das Perfide daran ist, dass nun das Akquisitionsbudget durch die Kürzungsrunden zumeist viel zu niedrig ist, um diesen Effekt wieder zuverlässig umzukehren. Und bei sinkenden Einnahmen die Gremien davon zu überzeugen, wieder in die Neuspenderwerbung zu investieren, ist eine Titanen-Aufgabe. Die unter erfahrenen Fundraisern gefürchtete Abwärtsspirale ist in Gang gesetzt und dreht sich, ohne Korrektur, immer schneller. Sie denken, dies ist ein unwahrscheinliches Szenario? Das Gegenteil ist der Fall! Die Beispiele dafür sind Legion. Doch meist werden allzu lange vor dem Offensichtlichen die Augen verschlossen.

Fundraising ist und bleibt eine Ausdauerdisziplin. Daran hat sich auch in Zeiten von Internet, Facebook und Co. nichts geändert. Der ROI ist ein guter Indikator zur Beurteilung und Verbesserung einzelner

Maßnahmen. Als Langzeitindikator ist er jedoch in der heute meistverwendeten Form absolut ungeeignet. Nur als ausgeklügeltes Lifetime-Value-Modell verfügt er über die richtige Aussagekraft, um sinnvolle Entscheidungen im Fundraising zu treffen.

Übrigens: Der exorbitant teure Feuerlöscher wurde zu einem Verkaufsschlager. Er hielt nämlich durch seinen Edelstahlbehälter fünfmal so lange wie billigere Modelle. Langfristigkeit und Qualität siegten damals über Kurzfristdenken.

8. Undank ist der Welten Lohn – oder doch nicht?

Stellen Sie sich bitte folgende Situation vor: Sie sind bei Ihrem Chef zum 60. Geburtstag eingeladen. Alle Kollegen und der gesamte Vorstand sind gekommen. Natürlich wussten Sie, dass Sie zu diesem Anlass ein ganz besonderes Geschenk machen mussten. Deshalb haben Sie wochenlang im Internet und allen Ihnen bekannten Antiquariaten nach einer ganz besonderen, nicht mehr verlegten Erstauflage eines Buchs gesucht: „Die Taschenuhr in der Zeit zwischen 1830 und 1840". Das kostspielige Hobby Ihres Chefs. Und auch das Buch hat eine Stange Geld gekostet. Sei's drum, dachten Sie, schließlich wird Ihr Chef nur einmal 60 und sicherlich wird er sich über das wertvolle Geschenk sehr freuen.

Sie passen also den besten Moment ab, Ihr Chef ist gerade nicht abgelenkt und alle wichtigen Gremienmitglieder sind in der Nähe. Sie treten also näher und Ihr Chef schaut Sie freudestrahlend und erwartungsvoll an. Das ist Ihr Moment; Sie überreichen Ihr Geschenk, Ihr Chef packt es aus und dann ... dreht er sich, ohne ein einziges Wort des Dankes, um und wendet sich dem nächsten Schenkenden zu. Können Sie sich Ihr Gefühl in diesem Moment ausmalen? Die Enttäuschung und den Ärger? Sie haben sich so große Mühe gegeben und auch der Preis des Geschenks war für Sie kein Pappenstiel. Sie werden vielleicht sagen „typischer Fall von schlechter Kinderstube" oder Sie sind ganz besonders gewitzt und glauben nicht, dass es zu einer solchen Situation überhaupt kommen kann. Was denkt sich der Bouman da nur wieder aus.

Und ich gebe Ihnen recht. Bis zum Oktober 2001 hätte ich mir auch nicht träumen lassen, dass es solch ein flegelhaftes Verhalten wirklich geben könnte. Zwar nicht genauso wie hier beschrieben, aber dennoch im übertragenen Sinne. Just zu dieser Zeit hatte ich nämlich eingehenden Einblick in die Marketingabteilung einer nicht unbekannten und mit tadellosem Ruf versehenen Organisation. Und ob Sie's glauben oder nicht, es gab bei dieser ansonsten professionell arbeitenden Organisation kein nennenswertes Danksystem für die eingehenden Spenden. Wenn man zu dieser Zeit bei dieser Organisation eine Spende tätigte, gab es nicht das geringste Zeichen einer Anerkennung – kein Wort, keine Postkarte, kein Brief. Sie werden meine Verwunderung bestimmt verstehen, und auf meine Frage, warum es denn kein Danksystem gebe, erhielt ich die Antwort, dass die ehemalige Marketingleiterin eine Kostenanalyse durchgeführt habe und diese habe ergeben, dass sich Danksagen betriebswirtschaftlich nicht lohne. Ergo wurden Spenden nicht mehr bedankt.

Sie sind alle erfahrene und mit gesundem Menschenverstand gesegnete Fundraiser. Deshalb wissen Sie um die Wichtigkeit eines guten Danksystems. Leider lässt sich der Zusammenhang zwischen Spenderdank und einer verbesserten Spenderbindung nicht wissenschaftlich zweifelsfrei nachweisen. Aber die Erfahrung zeigt, dass gerade

Organisationen mit einem ausgeklügelten Danksystem langfristig bessere Spendenergebnisse erzielen. Wer das anzweifelt, ist wahrlich nicht mit gesundem Menschenverstand gesegnet. Dennoch erlebe ich es in meiner Beratungspraxis immer wieder, dass versucht wird, gerade beim Spenderdank Geld und Ressourcen einzusparen. Ich denke dann immer an die Worte meines alten Lehrmeisters zurück: Spenderdank muss teuer sein und preiswert aussehen. Dann ist er am wirksamsten. Das ist zwar überspitzt, aber dennoch zutiefst wahr.

Also, wenn Ihnen irgendwann ein Kollege oder Vorgesetzter über den Weg laufen sollte, der beim Dank Geld sparen möchte, dann bieten Sie bitte alles an Widerstandskraft auf, um das zu verhindern. Organisationen, die keinen angemessenen Dank aussprechen, auch und gerade für kleine Spenden, haben überhaupt keine Spenden verdient. Und lassen Sie sich nicht ins Bockshorn jagen. Selbst wenn einzelne Spender sagen sollten, dass sie keinen Dank haben möchten, weil das zu viel koste, dann seien Sie versichert, dass das in 98 Prozent der Fälle so nicht stimmt. Denn genauso, wie es sich in unserem Kulturkreis gehört, sich für Geschenke zu bedanken, gehört es auch zum guten Ton, dass man versichert, keinen Dank haben zu wollen. Wenn Sie einmal etwas Zeit übrighaben sollten, dann schauen Sie sich Ihr Danksystem an und fragen Sie sich, ob Sie daran noch etwas verbessern können. Mittel- bis langfristig zahlt sich das immer aus.

Ich halte es jedenfalls auch weiterhin so, wie ich es von meinen Eltern und Großeltern gelernt habe. Lieber einmal zu viel als einmal zu wenig Danke sagen. Auch und gerade bei Spenden.

Ach so: Die Organisation, die ich am Anfang erwähnt habe, ist schließlich wieder zur Vernunft gekommen und hat ein ausgeklügeltes Dankwesen entwickelt. Die Einnahmen sind heute dreimal so hoch wie damals.

9. Tretet ein!

Kürzlich hat ein Kollege in einem Interview über seine Eindrücke beim IFC berichtet. Unter anderem ist ihm aufgefallen, dass über die Erfolge und die Wichtigkeit unserer Profession in überschwänglicher, fast pathetischer Form berichtet wurde. Diese Erfahrung habe ich ebenfalls gemacht. Gerade im englischen Sprachraum spart man nicht an Superlativen, wenn es um die Wirkung unserer Arbeit geht.

Dieses Pathos wirkt auf uns oft befremdlich. Wir fühlen uns dann nicht so recht wohl und weisen solche Lobhudeleien bescheiden von uns. Es gehört eben zu unserer Kultur, den eigenen Wert unter den Scheffel zu stellen. Wer sich selbst lobt oder auf Lob wenig bescheiden reagiert, gilt schnell als eingebildet oder als Blender. Sicherlich ist Bescheidenheit eine sympathische Eigenschaft. Aber wäre es manchmal nicht besser, als Fundraiser selbstbewusster aufzutreten? Ich habe an dieser Stelle von den deutschen Fundraisern schon öfters mehr Selbstbewusstsein eingefordert. Dabei geht es nicht um Eitelkeit, sondern darum, dass man nur mit einem gesunden Selbstbewusstsein Dinge beeinflussen kann. Zuallererst in der eigenen Organisation, aber auch und gerade in der Gesellschaft und in der Politik. Dazu muss man sich des Werts der eigenen Arbeit klar werden. Was passiert, wenn das Fundraising nicht mehr funktioniert? Wie lange kann eine Organisation noch ihre Aufgaben erfüllen, wenn das Geld der Spender ausbleibt? All die vielen notwendigen und nützlichen Projekte wären ganz schnell perdu ohne Fundraising. Deshalb ist es wirklich an der Zeit, ein wenig unserer noblen Bescheidenheit über Bord zu werfen und für unsere Profession und unsere professionellen Bedürfnisse selbstbewusst einzutreten. Vor Kurzem habe ich einen Artikel gelesen, in dem sinngemäß geäußert wurde, dass wir uns mit den wirtschaftlichen, gesetzlichen und politischen Rahmenbedingungen bescheiden sollten, dass es für uns quasi keine eigenen, gesetzlichen Ausnahmen und Regelungen geben und die Politik auch auf Dienstleister wie die Deutsche Post keinen Einfluss nehmen könne. Aber genau das haben unsere Kollegen in anderen Ländern sehr wohl erreicht, und ich kann beim besten Willen nicht einsehen, warum das bei uns nicht ebenfalls gehen sollte? Warum sollten wir nicht unserer Wichtigkeit gemäß noch viel mehr Lobbyarbeit betreiben und auf Sonderregelungen und Erleichterungen bestehen? Unzählige wirtschaftliche Interessengruppen betreiben Lobbying in der Politik und setzen so Ausnahmen und Vergünstigungen für die eigene Klientel durch: Banken, die Versicherungswirtschaft, Hoteliers und die Rüstungsindustrie, um nur einige wenige zu benennen. Das ist gelebte Praxis in Deutschland. Und dabei geht es meist um Themen, die keinen gesellschaftlichen Nutzen haben. Im Gegenteil – oftmals sind sie sogar zum Schaden der Allgemeinheit. Unsere Arbeit jedoch nützt dem Staat und der Gesellschaft in vielerlei Hinsicht. Ich möchte jetzt nicht gleich die Moralkeule herausholen, aber unsere Interessen dürften berechtigter sein, als z. B. die Mehrwertsteuer für Hoteliers zu senken. Deshalb, liebe Kollegen, lasst uns unsere Wichtigkeit erkennen und dementsprechend selbstbewusst unsere Interessen vertreten. Freilich geht das organisiert viel wirkungsvoller und das richtige Instrument dafür ist meiner Meinung nach der Deutsche Fundraising Verband. Der DFRV sollte in Zukunft noch mehr zu unserem Sprachrohr in die Politik werden. Und übrigens: Es ist ehrenhaft, für die eigenen Interessen einzutreten!

10. Jeder ist ersetzbar?

Im Laufe meines Berufslebens ist mir immer wieder die Binsenweisheit begegnet: „Jeder ist ersetzbar. " Ganz ehrlich: Nichts könnte von der Wahrheit weiter entfernt sein, wenn es um Fundraiser geht.

Freilich ist es für weniger talentierte Führungskräfte Balsam auf die Seele, zu glauben, es gäbe genug gut ausgebildete Nachwuchskräfte, mit denen man vergraulte Mitarbeiter ersetzen kann. Aber mit der Realität hat das nichts zu tun. Fast genauso häufig habe ich auch den Spruch „Unsere Mitarbeiter sind unser Kapital" gehört. Gleichzeitig wird aber alles getan, um Newcomer und Spitzenkräfte nach allen Regeln der Kunst zu demotivieren. Überstunden ohne Ausgleich, schlechte Bezahlung und am allerschlimmsten: fortgesetzte Verweigerung von Anerkennung. Gerade potenzielle Spitzenfundraiser werden so immer wieder „verbrannt", weil man der Meinung ist, man könnte sie ja beliebig ersetzen. Das ist aber nicht so einfach. Denn ein richtig guter Fundraiser braucht nicht nur eine gute Ausbildung. Nicht einmal praktisch erworbenes Fachwissen reicht aus. Nein, um ein wirklich sehr guter Fundraiser zu werden, bedarf es einer ganz speziellen Persönlichkeit. Einer Yes-I-can-Einstellung, gepaart mit Lebens- und Berufserfahrung. Gesunder Menschenverstand, Empathie, Fingerspitzengefühl und Optimismus sind ebenfalls unerlässlich. Die Liste der Soft Skills ließe sich beliebig verlängern. Solche Menschen findet man nicht einfach mal so an jeder

Ecke. Leider sind das Klima und die Bedingungen in vielen NGOs inzwischen oft so sehr von falsch verstandenen betriebswirtschaftlichen Erkenntnissen angereichert, dass Nachwuchskräfte nicht mehr genug Freiräume haben, um die notwendigen Soft Skills zu entwickeln. Echte Fundraiser mit Ecken und Kanten werden dann oft durch diplomierte Nur-Theoretiker oder Dampfplauderer ersetzt. In keiner Weise möchte ich die Wichtigkeit einer guten Ausbildung kleinreden. Im Gegenteil, sie sollte heute eine Selbstverständlichkeit sein. Zum Erfolg im Fundraising gehört aber eben viel mehr.

In meiner Praxis als Führungskraft habe ich immer wieder gerne gegen den Strich gebürstet. Habe neben Betriebswirten auch Biologen, Slawisten, Juristen, Geisteswissenschaftler und Praktiker mit Berufsausbildung im Fundraising eingestellt. Fundraisingfachwissen kann man ja schließlich lernen. Sehr gute Kurse und Fortbildungen gibt es inzwischen genug. Viel wichtiger waren mir immer die Soft Skills, und das hat sich auf lange Sicht fast immer als richtig herausgestellt. Das setzt voraus, dass man sich die Zeit nimmt, seine Mitarbeiter zu entwickeln, sie behutsam an ihre Aufgaben heranzuführen, ihnen viel zuzutrauen und bei Misserfolgen nicht mit der Keule oder dem Rausschmiss zu drohen, sondern sie in ihrer Eigeninitiative zu unterstützen und zu fördern. Hört sich nach einer Menge Zeitaufwand an? Ja, vollkommen richtig. Aber der Aufwand lohnt sich. Er führt nicht nur zu größerem, sondern auch zu dauerhafterem Erfolg. Und darum geht es ja letztendlich im Fundraising:

langfristigen Erfolg zu generieren. Deshalb wünsche ich mir, dass Schluss ist mit dem Geschwafel von „Jeder ist ersetzbar" und dass der Ausspruch „Die Mitarbeiter sind unser Kapital" wirklich ernst genommen wird. Es sollen gute Gehälter bezahlt, ehrliche Anerkennung soll geschenkt und bei Fehlern, die durch innovatives Engagement entstanden sind, Milde gezeigt werden – und Härte bei Ignoranz. Der Erfolg wird dann auf lange Sicht nicht ausbleiben.

11. Bettler kriegen nix!

Kürzlich saß ich in einem Zubringerbus am Frankfurter Flughafen. Wir fuhren gemächlich der Außenposition des Flugzeugs entgegen und ich wurde Zeuge eines Gesprächs zwischen einer Mutter und ihrer ungefähr siebenjährigen Tochter.

Offensichtlich war das Ziel ihrer Reise ein Land, in dem es viel Armut gibt. Schnell kam man auf das Thema Obdachlosigkeit und die Tochter meinte, dass es auch in Deutschland Menschen gebe, die auf der Straße leben. Die Mutter bejahte das und ergänzte, dass dies aber eigentlich nicht nötig sei, denn in Deutschland werde jedem, der in Not sei, vom Staat geholfen. Deshalb solle man Bettlern in Deutschland auch auf keinen Fall Geld geben, denn das würden diese doch nur vertrinken oder sich davon Drogen kaufen. Eine ältere Dame mischte sich nun in das Gespräch ein und ich dachte, nun wird die Sache geradegerückt. Aber da hatte ich mich schwer getäuscht. Denn die ältere Dame bestätigte die Aussage der Mutter und ergänzte, dass sie vor Kurzem einem Bettler Geld gegeben habe und der sich davon unerhörter weise ein Eis gekauft habe. So eine Unverschämtheit! Diese kleine Konversation hat mich wirklich erschüttert. So ganz nebenbei wurden ich und ca. 60 Mitreisende Zeugen davon, wie einem kleinen Kind das natürliche Mitgefühl ausgetrieben wurde. Nicht verschämt im stillen Kämmerlein, sondern ganz offen und offensichtlich von der unumstößlichen

Richtigkeit der eigenen Meinung zutiefst überzeugt. Manchmal fühle ich mich im Kreis von Bekannten, die nichts mit unserer Profession zu tun haben, als Spielverderber. Immer dann, wenn über die Spendenfreudigkeit Deutschlands schwadroniert wird. Als halber Niederländer muss ich etwas vorsichtig sein, wenn ich diese Aussage infrage stelle. Dennoch nehme ich mir das dann das eine oder andere Mal heraus. Denn mit der vielgepriesenen Spendenkultur in Deutschland ist es natürlich nicht ganz so weit her, wie sich das so mancher gerne vormacht. Im internationalen Vergleich erreichen wir Untersuchungen zufolge damit gerade mal einen ordentlichen Platz im Mittelfeld der europäischen Nationen. Doch warum ist das so? Warum sind wir nicht viel spendenfreudiger? Warum ist die Kultur des Gebens bei uns im Vergleich zu unserer wirtschaftlichen Leistungsfähigkeit so mittelmäßig ausgeprägt? Eine Erklärung, die immer wieder ins Feld geführt wird, ist die Tatsache, dass bei uns sehr viele Probleme vom Staat gelöst werden. Üblicherweise (Ausnahmen gibt es natürlich immer) sind die Nationen spendenfreudiger, in denen die Selbsthilfe kulturell stärker verwurzelt ist. Ich weiß nicht, ob das der richtige Erklärungsansatz ist. Aber ich weiß, dass Spenden sehr viel mit Mitgefühl zu tun hat. Kaum jemand spendet aus logischen Gründen, auch wenn die rationale Überlegung oft im Nachhinein als „Quasi-Entschuldigung" für die Spende herhalten muss. Man spendet letztendlich aus Mitgefühl und Barmherzigkeit. Wenn die Theorie stimmt, dass ältere Menschen freigiebiger spenden, dann hat die demografische Entwicklung in Deutschland zumindest hier ihr Gutes. Mehr ältere Menschen – mehr Spenden.

Und damit sind wir wieder in dem schaukelnden Flughafenbus, bei der wenig mitfühlenden Mutter. Die war nämlich erst ungefähr Ende dreißig und damit noch nicht im spendenfreudigen Alter. Vielleicht gibt es ja doch noch Hoffnung für sie.

12. Fundraising versus Marketing

Als ich in den 90er Jahren bei meiner Antrittsvorstellung im Aufsichtsgremium meiner damaligen Organisation über das Marketing in NGOs sprach, hat man mich hinterher kurz beiseite genommen und gebeten, das Wort „Marketing" in diesem Kreis in Zukunft nicht mehr zu benutzen – es sei ein „schmutziges" Wort.

Leider muss ich heute immer noch feststellen, dass NGOs das Wort nur ungern benutzen. Auch und manchmal sogar explizit Fundraiser sehen Marketing wohl als Bedrohung ihrer Profession an. Selbst im sonst von mir hochgeschätzten Blog „Future Fundraising Now" finde ich immer wieder eindringliche Warnungen vor den Gefahren des Marketings. Wo kommt dieser Blödsinn nur her?

Betrachten wir eine klassische Marketingstruktur, finden wir im Normalfall kein Fundraising. Es gibt die Öffentlichkeitsarbeit oder Kommunikation, die Werbeabteilung, den Vertrieb und je nach Unternehmen viele weitere Funktionen. Fundraising – Fehlanzeige. Aufgabe des Fundraisings ist es, Einnahmen zu generieren. Also kann man vergleichen: Das Fundraising hat in Organisationen eine ziemlich ähnliche Funktion wie der Vertrieb in Unternehmen und ist damit eindeutig eine Marketingfunktion. Für mich ist es die Krone des Vertriebs, denn der Fundraiser muss ein Produkt „verkaufen" , das es nicht gibt, und zwar an Kunden, die davon keinen praktischen Nutzen haben.

Dagegen ist Autos Verkaufen ein Kinderspiel (ohne die Absicht, Autoverkäufern zu nahe zu treten). Bei dieser Sichtweise müsste sich das Fundraising in die Struktur des Marketings einfügen.

Finden das Fundraiser doof? Ja, natürlich. Schmälert das die Bedeutung des Fundraisings? Natürlich nicht! Ohne Vertrieb kein Unternehmen – ohne Fundraising keine Organisation. Beide sind überlebenswichtig. Die Frage, die ich mir schon in den 90ern stellte, ist folgende: Gibt es Zielkonflikte zwischen einzelnen Funktionen des Marketings – und damit natürlich auch des Fundraisings zu anderen Funktionen? Ja, wahrscheinlich schon. Aber es gibt auch sehr viele Synergieeffekte, und wenn man geschickt agiert, sind diese weitaus größer. Aus diesem Gedankengang heraus entwickelte ich in den 90er Jahren die Idee einer vollintegrierten Marketingorganisation in NGOs und dann ca. 2003 die erste Marketingkampagne beim WWF, die nicht nur alle Instrumente des Fundraisings, sondern auch sämtliche Kommunikationsinstrumente der Öffentlichkeitsarbeit und sogar die Ziele und politischen Mechanismen der Naturschutzabteilung verband. Die Horrorvorstellung vieler Fundraiser, aber auch vieler Kommunikationskollegen und Projektarbeiter. Musste unter der Integration der einzelnen Bereiche nicht die Wirkung der Kampagne leiden?

Der gigantische Erfolg der damaligen Tigerkampagne hat das Gegenteil bewiesen. Noch niemals zuvor hatten wir so viele Erstspender generiert, so eine große Reichweite der Kommunikationsmaßnahmen und so viele Ziele der

Naturschutzabteilung erreicht wie in diesem Jahr. Am Ende konnten sich alle auf die Schulter klopfen und (fast) zufrieden sein. Fundraising ist ein Teil des Marketings und nur das Zusammenspiel führt zu einem optimalen Erfolg. Das erfordert hochqualifizierte Führungskräfte, nämlich Persönlichkeiten, die sowohl die Klaviatur des Marketings beherrschen als auch Spitzenfundraiser sind. Dann muss kein Fundraiser mehr Angst vor dem Marketing haben, sondern kann frei und zielorientiert die sich so bietenden Möglichkeiten nutzen.

13. Das Mailing ist tot … hoch lebe Online?

Seit rund zwanzig Jahren höre ich immer wieder, dass das klassische Mailing tot sei. Die Kosten steigen, während die Response-Raten sinken. Außerdem, wer will denn heute noch Bettelbriefe bekommen? Online dagegen ist modern, oft billiger, erreicht jüngere Zielgruppen und eröffnet technische Möglichkeiten, die ein klassischer Brief nicht einmal im Ansatz bietet. Warum also nicht das Fundraising komplett umstellen? Die Kosten sinken, ebenso der Papierverbrauch, und wir gewinnen endlich jüngere Spender. Da ist die Entscheidung doch leicht, oder?

Sie werden vielleicht sagen, das ist undifferenzierte Schwarzweißmalerei. Stimmt! Aber ich kenne mindestens zwei bedeutende NGOs, die diese Entscheidung für die Zukunft ihrer Organisation beschlossen haben. Zwar mit Übergangszeiten, aber letztendlich ein Paradigmenwechsel in ihrem Fundraising, der in wenigen Jahren Realität werden soll. Dabei gibt es bisher kaum eine Organisation, die genug Spendeneinnahmen online erzielt, um das klassische Mailinggeschäft zu ersetzen. Allerdings werden höherwertige Produkte, die eine größere Entscheidung fordern, wie Mitgliedschaften, Patenschaften usw., bei vielen Kollegen inzwischen fast nur noch online abgeschlossen – eher als die durch eine starke und spontane Emotion getriggerte Spende. Folgen wir jedoch nur ansatzweise dem Konzept der Spenderpyramide, wird klar: Bei einer Vernachlässigung der Klein- und Einzelspenden bröckelt auf Dauer die Basis dieses Gebildes. Das Fundament wird marode.

Vor einiger Zeit habe ich mit einem sehr erfolgreichen Onlinefundraiser aus den USA darüber gesprochen, wann das Onlinefundraising das klassische Fundraising ablösen wird. Selbst dieser ausgewiesene Experte, der hunderte Millionen Dollar online eingeworben hat, vertrat klar die Meinung, dass das klassische Fundraising noch viele, viele Jahre die Haupteinnahmequelle der meisten Organisationen bleiben werde. Und: Wenn die Onlinekommunikation immer mehr das handgeschriebene und gedruckte Wort ersetzt, wird die Bedeutung des Briefs wieder wachsen. Wichtiges kommt immer noch per Post.

Das Internet hat das Kommunikationsverhalten der meisten Menschen inzwischen umgekrempelt. Ich war ein early Adopter und ganz von Anfang an im WWW dabei – zu Zeiten, als man dafür noch als „Nerd" betrachtet wurde – und war z.B. der Projektleiter für die erste Website der CBM. Das Internet ist aus einer modernen Marketing- und Fundraisingstrategie nicht mehr wegzudenken. Dennoch müssen wir bei aller Euphorie die Realität im Auge behalten. Gebetsmühlenhaft versuche ich, tagtäglich Menschen klarzumachen, dass der Jugendwahn im Fundraising einer der schlimmsten Irrwege ist. Erwiesenermaßen beginnen Menschen in der Regel erst zu spenden, wenn sie das 50. Lebensjahr überschritten haben. Im Übrigen gibt es auch in der klassischen kommerziellen Werbung inzwischen Experten, die sich von der „werberelevanten Zielgruppe" der 14 - bis 49-Jährigen abwenden. Der

Grund ist einfach: Das am schnellsten wachsenden Milieu unserer Gesellschaft ist das der Senioren. Bei ihnen ist das Ende des Regenbogens, an dem der Gold Topf vergraben liegt.

Generell muss jeder für sich einen ausgewogenen und maßgeschneiderten Fundraising-Mix finden – gerade im Verhältnis zwischen klassischem Mailing und Online. Ich sage das so deutlich, weil mich Organisationen regelmäßig fragen, ob sie zugunsten der Onlineaktivitäten das klassische Mailinggeschäft einstellen sollen. Aber: Man muss das eine tun und das andere nicht lassen und die neuen Kombinationsmöglichkeiten nutzen. Wir testen seit einiger Zeit DRTV-Strategien (Direct Response Television): Dabei ziehen wir bewusst die Response (angestoßen durch Werbespots) über die Website und beziehen Telefon und Mailings als begleitende Kommunikationselemente mit ein. Der Mix wurde zuerst in England getestet, in Italien, Österreich und Schweden adaptiert und wird derzeit erfolgreich nach Deutschland übertragen. Der Erfolg gibt uns recht.

Das Mailing lebt und Online-Fundraising ebenso. Vergessen wir das Schwarzweißdenken und lassen wir Grautöne in unterschiedlichsten Varianten zu. Der Mix macht's.

14. Perspektivwechsel

Ich habe in der Vergangenheit viel da rüber geschrieben, dass Fundraiser oft von ihren Kollegen aus dem Projektbereich nicht ganz für voll genommen werden. Heute möchte ich deshalb für unsere Projektkollegen eine Lanze brechen. Denn genau wie sie nicht ohne uns können, da es sonst kein Geld für Projekte gibt, können wir nicht ohne unsere Projektkollegen, die unsere Produkte erst erschaffen. Auf lange Sicht gesehen brauchen wir uns also gegenseitig. Woher sollten wir auch sonst die Informationen für unsere schönen Fundraising-Instrumente bekommen?

Es hat aber auch noch einen anderen, viel hintergründigeren Aspekt. Unsere Projektkollegen sind unsere Verbindung zu den „Klienten" in den Projekten. Egal ob Naturschutzorganisation oder Organisation in der Entwicklungszusammenarbeit oder in der Behindertenhilfe, ohne sie hätten wir keinen Kontakt zu unseren „Schutzbefohlenen". Gerne schreibe ich auch über Emotion im Fundraising, aber woher soll die Emotion denn kommen, wenn nicht durch den indirekten oder noch besser direkten Kontakt in unsere Projekte, zu den Menschen und den Tieren vor Ort?

Eigentlich neige ich nicht dazu, persönliche Dinge in Kolumnen zu besprechen. Aber nach zwei Operationen im Jahr 2013 und 2014 habe ich nach und nach und immer stärker die Fähigkeit eingebüßt, laufen zu können. Heute muss ich einen Rollstuhl benutzen, wenn ich das Haus verlassen möchte. Mein Leben, sowohl mein privates als auch mein berufliches, hat sich dadurch komplett verändert. Ich muss mich heute mehr auf meinen Kopf verlassen als auf meine Beine, und dabei habe ich gemerkt, wie sehr eine Behinderung unzählige Lebensbereiche verändert. Vieles kann man nicht mehr tun und man ist viel öfter auf die Hilfe anderer Menschen angewiesen. Es fällt einem auch viel stärker auf, wie behindertenunfreundlich unsere alltägliche Welt immer noch ist, obwohl sich so vieles zum Besseren gewendet hat. Kurz und gut: Ich sehe heute Behinderung mit anderen Augen und bin emotional sehr stark betroffen. Keine Sorge, zum Glück bin ich nicht Briefträger von Beruf, sondern brauche eher meinen Kopf. Solange der funktioniert, kann ich meinen Beruf gut ausüben und mit den notwendigen Reisen komme ich immer besser zurecht. Dennoch habe ich heute deutlich mehr Verständnis für Menschen mit Behinderung. Ich dachte auch zuvor, dass ich das hätte, es ist aber ein großer Unterschied, ob ich mir mein Wissen anlese, von Kollegen vermittelt bekomme, vor Ort erlebe oder direkt in der Interaktion mit den Betroffenen (man muss nicht in jedem Fall selbst Betroffener werden).

Um wahrhaftig Emotion zu vermitteln, müssen wir möglichst nahe an die Emotion der Betroffenen heran. Ihre Ängste, Sorgen und Nöte möglichst hautnah erleben. Für diesen Ansatz stand ich schon vor meiner Behinderung. Deshalb habe ich meine Mitarbeiter, so oft es ging, in die Projekte geschickt. Sie sollten hautnah erleben, was sie später an unsere Spender vermitteln sollten. Deshalb ist jede Projektreise eines Fundraisers eine direkte Investition in den Fundraisingerfolg.

Nutzen Sie jede Gelegenheit, mit Ihren Projektkollegen über die Projekte zu sprechen, reisen Sie vor Ort und sprechen Sie mit den Menschen. Wenn Sie Mitarbeiter haben, fordern Sie diese auf, es Ihnen gleichzutun. Ich garantiere Ihnen, das wird Ihr Fundraising dauerhaft verbessern. Ein weiterer Effekt ist, dass sich das Verhältnis zu den Projektkollegen massiv verbessert. Und wenn diese den Zusammenhang verstanden haben zwischen ihrer Arbeit und dem Fundraising und dass das Fundraising die Projektgelder direkt sichert, werden zunehmend auch Kollegen mit Vorschlägen auf Sie zukommen. Wenn Sie es bisher noch nicht getan haben, gehen Sie den Perspektivwechsel sofort und direkt an.

15. Der richtige Dreh

Oft höre ich den Satz: „Das funktioniert bei uns nicht, das haben wir schon ausprobiert." Und ehrlich gesagt, habe ich das in den vergangen 20 Jahren auch schon oft gesagt. Häufig stimmt das auch. Den Ratschlag, antizyklisch zu mailen, können Sie zum Beispiel getrost vergessen. Das wäre, wie 20-mal an die Wand zu fahren und weiterhin zu hoffen, dass der Beton irgendwann weich wird.

Es liegt aber auch eine Gefahr in diesem Satz. Vielleicht haben wir eine Sache schon öfters versucht, aber einfach nicht den richtigen Dreh rausgehabt. Es kommt eben vor, dass wir etwas nicht nur ausprobieren, sondern auch auf eine bestimmte Art bzw. einfach richtig machen müssen.

Beim Neuspender-Mailing trifft das eindeutig zu. Wir wissen alle, dass die Responsewerte seit Jahren bröckeln – obgleich nicht so stark, wie man meinen sollte. Wenn dem so wäre, müssten wir inzwischen bei - 2 Prozent liegen. Das bedeutet für uns, dass wir bei dem starken Wettbewerb in heutiger Zeit unser Handwerk verstehen müssen. Konnten wir in den neunziger Jahren noch quasi mit jedem halbwegs passablen Mailing die Drei-Prozent-Marke knacken, sind die meisten Organisationen heute froh, wenn sie mit richtig großen Mailings noch auf 0,8 Prozent kommen. Wer da nicht untergehen möchte, dem bleibt nur, gewaltig in Know-how zu investieren, um erstens die Responsewerte wieder zu verbessern und zweitens die Kosten im Griff zu behalten. Leider muss ich immer wieder feststellen, dass wirklich tiefes Wissen über Mailings heute Mangelware ist. Wie gesagt, habe auch ich immer wieder Fundraising-Instrumente einfach nicht zum Laufen gebracht. Am meisten wurmte mich das beim Thema Direct Response TV. 20 Jahre lang habe ich nach der Erfolgsformel gesucht, über Werbespots eine direkte Reaktion bei potenziellen Spendern auszulösen, und sie immer wieder zum Greifen nahe gesehen. Aber irgendwie wollte dieses Instrument nicht richtig fliegen. Im Jahr 2012 bat mich der Marketingleiter einer befreundeten Organisation im Ausland, ein neues Projekt in deren Aufsichtsrat zu unterstützen. Er wollte DRTV in der Mitgliederwerbung einsetzen. Wie Sie sich denken können, kam von mir der Satz: „Das haben wir schon ausprobiert, das funktioniert nicht." Zum Glück war der Kollege hartnäckig und erklärte mir en Detail, warum es diesmal sehr wohl funktionieren könnte, und nach zwei Stunden haben bei mir die Neugier und die Einsicht gesiegt. Natürlich wurde dieses Projekt zu einem großen Erfolg. Die Organisation konnte mit DRTV dreimal mehr Mitglieder im dreimonatigen Projektzeitraum gewinnen als zuvor mit den bisherigen Maßnahmen im ganzen Jahr. Die schreckliche Wahrheit ist, ich hatte DRTV zwar 20 Jahre lang ausprobiert, aber mein Know-how war einfach nicht gut genug gewesen. Inzwischen habe ich mit einem englischen Partner mehrere Tests in Deutschland durchgeführt und alle haben gezeigt, dass durch Bündeln von richtig viel Wissen und Umsetzungsstärke DRTV auch dort funktioniert; und zwar phantastisch. Ich lehne auch heute noch Ideen ab, von denen ich genügend Negativ-Beweise gesehen habe. Aber ich plädiere entschieden dafür, sich immer einen Restzweifel zu bewahren und sich jedes Mal zu fragen: „Warum lehne ich das gerade ab? Kann es sein, dass jemand anderes einen erfolgversprechenden Weg gefunden hat?" Wenn ja, dann ist man auf Trüffel gestoßen und hat den Dreh raus.

16. Zeit ist relativ

Als Kind erscheint einem die Zeit als ein unendlich langer Raum. Insbesondere vor dem eigenen Geburtstag oder Weihnachten scheint sie quälend langsam zu schleichen. Mit zunehmendem Alter nimmt sie Fahrt auf und die Jahre sausen geradezu vorbei. Früher dachte ich, das läge an dem Verhältnis bereits gelebter Zeit zu noch verbleibender Zeit. Wenn ich 14 Jahre alt bin, erscheinen mir weitere 14 Jahre ewig. Wenn ich aber 54 bin, nicht mehr.

Vielleicht fallen mir deswegen bei der Frage nach Fundraising im Jahr 2030 gar nicht so viele oder dramatische Änderungen ein. Aber wie sieht das im Rückblick aus? Allein die sozialen Medien haben unsere Art zu kommunizieren, in den vergangenen 14 Jahren dramatisch verändert. Das Internet spielt eine deutlich wichtigere Rolle als noch im Jahr 2002. Was waren damals unsere Erwartungen? Ich kann mich an einen Kongress zu dieser Zeit erinnern, bei dem die Frage im Raum stand: Welche Rolle spielt das Internet im Fundraising in zehn Jahren? Viele Kollegen sahen das klassische Mailing schon auf dem Scherbenhaufen der Geschichte. Durch die Bank weg war man der Meinung, das Internet werde die Hauptrolle im Fundraising spielen. Leider ist diese Prognose nicht ganz so eingetroffen. Und das entspricht meiner allgemeinen Erfahrung. Als zwölfjähriger Perry-Rhodan-Leser ging ich davon aus, wir würden uns spätestens im Jahr 2000 nur noch in elektromagnetisch betriebenen Gleitern von

A nach B bewegen und regelmäßig zum Mond fliegen. Deshalb bin ich mit Prognosen, die weiter als drei Jahre in der Zukunft liegen, eher vorsichtig. Wenn ich aber eine für 2030 abgeben soll, dann mit aller gebotenen Vorsicht und dem Versuch, absehbare gesellschaftliche Veränderungen einzubeziehen. Meines Erachtens wird kaum eine Entwicklung einen so großen Einfluss auf das Fundraising nehmen, wie die Umkehrung der Alterspyramide in fast allen Industrienationen. Wenn wir davon ausgehen, dass mit zunehmendem Alter die Spendenbereitschaft ansteigt, dann ist diese Entwicklung für uns sehr begrüßenswert. Mehr alte Menschen, mehr potenzielle Spender. Natürlich schrumpfen auch die Renten, aber es gibt durchaus Spender, die nicht wohlhabend sind. Ich gehe jedenfalls davon aus, dass die Altersstrukturentwicklung zu einer goldenen Zeit im Fundraising führen wird. Bleibt die Frage, wie man diese „neuen Alten" erreichen kann, die zunehmend internetaffin sind. Werden dann auch endlich die goldenen Zeiten des Internetfundraisings anbrechen? Wie bei jeder technischen Neuerung wird auch beim Internet die Euphorie den praktischen Erwägungen weichen. Es hat in vielen Bereichen einen Siegeszug hinter sich – in anderen ist es eine praktische Ergänzung. Meine Prognose für das Jahr 2030: Wir werden ein sehr stark crossmedial integriertes Fundraising haben. Dabei sehe ich das Internet eher als ein Responsetool für andere analoge und digitale Spendenanreize. Bei unseren neuesten Versuchen mit Direct Response TV kommt beispielsweise der stärkste

Rücklauf per Internet. Damit wird das Internet endlich ein adäquates Fundraisingtool.

Stellt sich die Frage, was aus dem klassischen Mailing wird. Vielleicht bin ich nur ein Fundraising-Dinosaurier, aber ich glaube weiterhin an seine Zukunft. Und sollte die sogenannte Snail-Mail wirklich weiter an Bedeutung verlieren, wird sie für viele Menschen auch wieder interessanter. Erste Anzeichen für eine Renaissance des guten alten Briefs gibt es schon. Werden unsere Prognosen für das Jahr 2030 sich bewahrheiten? Das kann Gott sei Dank niemand vorhersehen. Also leben wir weiterhin mit der Illusion, dass unsere Prognosen für unsere Zukunft wichtig sind.

In diesem Sinne: Ärmel hochkrempeln und los geht's. Que sera, sera.

17. Die (ver)lernende Organisation

Als ich im Oktober 2001 beim WWF meinen Dienst als Geschäftsleitungsmitglied Marketing antrat, war meine Aufgabe nicht nur, dem einstmals hervorragenden Fundraising wieder zu altem Glanz zu verhelfen, sprich: die Einnahmen massiv zu steigern. Im Sinne einer lernenden Organisation sollte ich auch Standardprozesse einführen und die Best-Practice-Beispiele gewissenhaft in der Organisation verankern.

Spätestens als mich nach einiger Zeit das internationale Headquarter bat, dem einen oder anderen nationalen Verein beim Wiederaufbau des Fundraisings zu helfen, wurde mir klar, dass es anscheinend eine Art Gesetzmäßigkeit im Fundraising gibt: Auf ein erfolgreiches Team folgt irgendwann immer das große Vergessen – nämlich wie man handwerklich sauberes Fundraising betreibt – ein Problem, das viele Organisationen betrifft. Einstmals ungewöhnlich erfolgreiche Fundraisingabteilungen entwickeln sich mit der Zeit zu Normalperformern und dann, mehr oder weniger schleichend, zu Minderperformern. Woran liegt das?

Über die Jahre hinweg habe ich mir darüber viele Gedanken gemacht. Ich glaube inzwischen eine Regelmäßigkeit entdeckt zu haben, die scheinbar schicksalshaft abläuft. Eine perfekt eingestellte Fundraisingabteilung ist ein Segen für jede Spenden sammelnde Organisation. Um so weit zu kommen, muss eine Vielzahl von Faktoren stimmen. Optimaler Weise entsteht in der Zusammenarbeit ein Flow, der für immer weitere Höhepunkte sorgt und den man am besten nicht unterbricht. Wer das schon einmal erlebt hat, weiß ganz genau, wovon ich spreche. Leider ist dieser Flow ein fragiles Gebilde und der Erfolg weckt bei so manchen Zeitgenossen Begehrlichkeiten – Begehrlichkeiten nach mehr. Warum können wir nur drei Prozent pro Jahr wachsen? Oder warum nur fünf, acht oder zehn Prozent? Gingen nicht auch 50 oder gar 100 Prozent? Die Stunde der Unzufriedenen und Nichtdurchblicker schlägt. Sie sorgen häufig dafür, dass „Experten" an Bord kommen, die eher durch große Reden und umso weniger durch Wissen glänzen. Ihre Aufgabenstellung lautet oft: Machen Sie mal Dampf, gewinnen Sie neue Zielgruppen, machen Sie das Fundraising effizienter (geben Sie weniger Geld aus). Doch im Fundraising geht es nicht immer unbedingt darum, neue Wege zu gehen oder möglichst viel Geld zu sparen, sondern erfolgreich Spenderbeziehungen aufzubauen und Spenden zu sammeln. Das Fatale daran: Ein gut eingespieltes Fundraising-Team reagiert erst einmal scheinbar sehr robust auf falsche Entscheidungen. Doch die Saat des langfristigen Misserfolgs wird genau in dieser Phase gelegt. In der darauffolgenden Zeit führt das Team immer mehr Änderungen durch und nach drei bis fünf Jahren sind die meisten echten Erfolgsfaktoren eliminiert. Die Gegenmaßnahmen werden immer hektischer und da die Einnahmen zurückgehen, werden die Ausgaben fürs Fundraising immer weiter reduziert. Irgendwann steht man vor den Trümmern der Fehlentscheidungen. Man hat den Erfolg verlernt. Statt einer lernenden, hat man eine verlernende Organisation erschaffen. Zu dieser Zeit ist der Leidensdruck dann schon so groß, dass man fast zu allem bereit wäre, um wieder erfolgreich zu werden. Schwache Organisationen verfallen ob der gewaltigen Aufgabe in Agonie, stärkere Organisationen beginnen zu verstehen, suchen sich wieder Profis, erhöhen das Fundraisingbudget und lassen den Maßnahmen die nötige Zeit zu reifen. Der Kreislauf beginnt von vorn.

Sie glauben nicht, dass das so geschieht? Leider muss ich aus Erfahrung sagen, dass mir in den vergangenen zwei Jahrzehnten zahllose solche Organisationen begegnet sind. In Deutschland, in Europa und auf der ganzen Welt. Die verlernende Organisation ist ein internationales Phänomen.

Mich interessiert, ob Sie, liebe Leser, diese oder ähnliche Erfahrungen bestätigen können, wie Sie das erlebt haben und ob Sie Vorschläge dazu haben, wie man einen solchen Kreislauf erfolgreich aufhalten kann. Liegt die Saat für den Erfolg und den Misserfolg wirklich innerhalb der Organisationen selbst?

18. Wie Jack Nicholson zum Kinderpaten wurde …

Jack Nicholson zappt sich im Sessel sitzend durch verschiedene Fernsehsender. Plötzlich bleibt er auf einem Kanal hängen, auf dem ein Spot von Plan International läuft. Die Kamera geht auf Nahaufnahme seines Gesichts: Was auf dem Bildschirm läuft, bewegt ihn zunehmend. Seine Hand greift nach dem Telefon, zögert kurz … Im nächsten Moment sieht man Nicholson, der zuvor nur bedrückt oder griesgrämig auftrat, mit einem zufriedenen Lächeln und zielbewusst in seine alte Firma gehen …

Wer hat die Szene erkannt? Richtig, sie stammt aus dem Film „About Schmidt", in dem die Übernahme einer Patenschaft für ein Kind das Leben des frisch pensionierten Warren Schmidt, gespielt von Jack Nicholson, vollkommen verändert.

Seit den 90er Jahren beschäftige ich mich mit dem Thema Direct-Response-TV. Bei den tollen Vorträgen der amerikanischen und britischen Kollegen auf dem International Fundraising Congress habe ich Feuer gefangen.? 1997 machte ich mich an mein erstes DRTV-Projekt. Wir hatten eine weltbekannte Full-Service-Werbeagentur an der Hand, die pro bono für uns arbeitete und auch ein professioneller Sprecher stand kostenfrei zur Verfügung. Also gingen wir schnell an die Umsetzung des Projekts und ich muss sagen, es wurde ein fulminanter … Misserfolg.

Wir hatten uns so große Mühe gegeben, einen künstlerisch anspruchsvollen Spot zu drehen und hatten eines der größten Call Center Deutschlands engagiert. Nur die Zuschauer riefen nicht an und spendeten nicht. Noch nie hatte ich in meiner bisherigen Karriere eine solche Bruchlandung hingelegt. Was war nur schiefgelaufen?

In den darauffolgenden zehn Jahren nahm ich mich des DRTV immer wieder an, doch es wollte nicht richtig gelingen. Im Jahr 2007 war ich Aufsichtsratsmitglied bei einem österreichischen Verein. Der Marketingleiter dort bat mich um Unterstützung bei einem DRTV-Projekt. Zu Beginn war ich mehr als skeptisch, aber als ich die englische Version des TV-Spots sah, fiel es mir wie Schuppen von den Augen, was wir in der Vergangenheit falsch gemacht hatten. Damals prägte ich einen meiner Lieblingssprüche: Pro bono ist mir zu teuer!

Das Projekt wurde zu einem gigantischen Erfolg und leistete einen erheblichen Beitrag zur Gesundung dieser fabelhaften Organisation. Erst 2013/2014 brachten wir auch in Deutschland die ersten DRTV-Tests an den Start und bedachten nun alle Erfolgsfaktoren, wie z.B. eine dreiteilige Dramaturgie, die richtige Musik an den richtigen Stellen, einen passenden Sprecher, die passende Kreation und eine satte Portion Emotion. Und siehe da: Das Projekt fing auch in Deutschland an zu fliegen.

Wieder einmal erwies sich der Grundsatz meines alten Lehrmeisters als richtig: Es genügt nicht, eine erfolgreiche Sache zu kopieren, man muss sie bis ins

Detail verstehen und auf die eigenen Bedürfnisse und Bedingungen adaptieren.

Inzwischen haben wir verschiedene DRTV-Projekte am Laufen. Was alle Beteiligten überrascht: Die Response kommt überwiegend über das Internet herein.

Das ist für mich eine der gelebten Digitalisierungen des Fundraisings. Nicht das Internet als Stand-Alone-Instrument führt zur Digitalisierung, sondern als Ergänzung eines analogen oder teildigitalisierten Angebots. Als Reaktionsturbo haben wir die Smart-Gadgets ausgemacht, die beim Fernsehen meist griffbereit liegen. Smartphone, Tablet und Smart TV – die wunderbare Welt des Internets ist immer „handy". Das gilt seltsamerweise weder für DRTV-Projekte in UK noch in Frankreich oder in Italien. Dort vertraut man weiterhin auf das gesprochene Wort der Call Agents.

Ausgehend von einer Studie, die meine Tochter als Teil ihrer Psychologie-Abschlussarbeit mit dem Thema „Die Rolle von Emotionen bei der Entstehung von Spendenbereitschaft bei Direct-Response-Television-Spots" durchführte, haben wir weitere Forschungen zum Thema angestoßen. Aus Erfahrung und instinktiv weiß jeder erfolgreiche Fundraiser um die Wichtigkeit des rechten Maßes von Emotionen beim Spenden sammeln. Aber es gibt relativ wenig spezifische Studien und Untersuchungen zu der Rolle von Emotionen und zum DRTV im deutschsprachigen Raum. Über die Ergebnisse der Forschung werden wir bei Gelegenheit berichten.

19. „Siegen wird der, dessen Armee in allen Rängen vom gleichen Geist beseelt ist."

Das Wort Strategie kommt aus dem Altgriechischen und bedeutet Feldherrentum. Vielleicht ist sie deshalb in NGOs so selten anzutreffen oder wird oft nicht konsequent umgesetzt: Wir sind zu pazifistisch.

Dabei kann es helfen, bei Sunzi oder von Clausewitz etwas über das strategische Feldherrentum zu lernen. Erschreckend viele NGOs wursteln vor sich hin und halten einen Dreijahresplan schon für eine Strategie, oft ausgerichtet an Wunschträumen. Ich selbst habe schon gehört, zehn Prozent mehr Spendeneinnahmen p.A. seien einfach nicht ambitioniert. Warum nicht gleich 30 Prozent? Ein sinnvoller strategischer Ansatz dahinter – Fehlanzeige.

Auch die durchdachteste Strategie ist kein Erfolgsgarant. Aber daran zu arbeiten fokussiert die Gedanken. Marktanalysen, Wettbewerbsbeobachtungen, Markenprozesse offenbaren häufig strategische Ansatzpunkte. Wie viele Organisationen haben z.B. in einem professionellen Markenprozess erst erkannt, wie die Außenwelt sie sieht? Welche kennen ihr Marktpotenzial oder das der Wettbewerber? Wie viele wissen, wie sie ihren Marktanteil möglichst nahe an das Marktpotenzial heranführen, ohne dass die Kosten in den Himmel wachsen?

Wer einer Strategie folgt, macht einen wichtigen Schritt in Richtung nachhaltigem Erfolg. Ist der Ansatz

falsch, marschiert man allerdings sehr strategisch in Richtung Misserfolg. Stures kleben an einer falschen Strategie, ist ebenso fatal, wie keine zu haben. Das strategische Ying und Yang: Konsequent sein und regelmäßige Realitätschecks durchführen.

Falls Ihre Organisation Schwierigkeiten mit strategischem Vorgehen hat, stellen Sie kritische Fragen.

Analysieren Sie die Ist-Situation. Es beginnt mit scheinbaren Banalitäten: Wer sind wir? Was ist unser

Zweck und was unterscheidet uns von anderen? Von Woody Allen stammt der Spruch: „Das Geheimnis des Erfolgs? Anders sein als die anderen!" Wie nimmt die Außenwelt uns wahr und entspricht das unserer eigenen Sichtweise? Wer sind unsere Zielgruppen? Wie positionieren sich andere Wettbewerber und wie stehen wir im Verhältnis dazu?

Ich werbe dafür, sich in Sachen Strategie fit zu machen. Kaufen Sie sich aktuelle Bücher zum Thema,

aber riskieren Sie auch einen Blick auf die alten Meister wie Sunzi, von Clausewitz oder Machiavelli.

Deren Methoden, eins zu eins umzusetzen würde unter Umständen blutig ausgehen – aber machen Sie sich mit diesen Denkschulen vertraut. Entwickeln Sie eine Strategie für Ihren Bereich, Ihre Marke oder für Ihre ganze Organisation. Nehmen Sie Papier und Bleistift und legen Sie einfach los. Wenn Sie

Auf Schwierigkeiten stoßen, sprechen Sie mit einem Vertrauten oder legen Sie sich einen Mentor oder einen guten, erfahrenen Coach zu.

Und nicht vergessen, Feedbackschleifen einzubauen. Wenn Sie Erfahrungen sukzessive in Ihre Strategie einbauen, wird sie von Runde zu Runde besser. Eine authentische, täglich gelebte Strategie, ist identitätsfördernd, wenn nicht sogar identitätsstiftend. Damit sind wir wieder beim alten Sunzi.

„Siegen wird der, dessen Armee in allen Rängen vom gleichen Geist beseelt ist".

Darunter setze ich einen pazifistischen Schlusspunkt, ebenfalls vom Feldherrn Sunzi: „Wahrhaft siegt, wer nicht kämpft."

Schreiben Sie mir gerne Ihre Gedanken und Erfahrungen zum Thema Strategie.

20. Die Hexenküche der Gerüchte ...

Zu Beginn meiner Berufung als Fundraiser hat es mich sehr verwundert, wie wenig Auswirkung eine schlechte Konjunktur, Börsencrashs oder politische Krisen auf das Spendenaufkommen haben. Das könnte sich jedoch ändern ...

Immer wieder verfallen Organisationen in hektische Betriebsamkeit, wenn sich dunkle Wolken am ökonomischen Himmel zusammenbrauen. Bevorzugt sparen sie beim Fundraising, vor allem bei der Akquise. Solche Kurzschlusshandlungen haben sich in den seltensten Fällen ausgezahlt, denn die Spenden bleiben nicht unbedingt aus.

Bisher haben sich auch politische Krisen nicht bedeutsam auf die NGO-Szene ausgewirkt. Das scheint sich gerade zu ändern. In der aktuellen Hexenküche aus Gerüchten, Verschwörungstheorien und Nanny-Journalismus drohen wir zwischen die Mühlsteine zu geraten.

NGOs als Zielscheibe der Öffentlichkeit

Wenig vorzeigbare Erfolge, Nähe zur Politik und der böse Willen von NGO-Kritikern treffen auf immer mehr Menschen, die sich nicht ernstgenommen fühlen. In dieser Melange bieten NGOs eine wunderbare Projektionsfläche für Wut und Aversion. Wenn wir bedenken, dass gerade unsere Kernzielgruppe der älteren Menschen mehr und mehr in Rage gerät, besteht eine potenzielle Gefahr für unser Image.

Es geht dabei nicht darum ob, Vorwürfe gerechtfertigt sind. Das wissen wir spätestens seit UNICEF. Damals wurden die Organisation und insbesondere ihr Geschäftsführer kräftig durch die Mangel gedreht, ohne dass auch nur eine einzige Anschuldigung Bestand hatte.

Was wir dagegen tun können, ist offen kommunizieren, unsere Projekte auf Wirksamkeit überprüfen und niemanden ausgrenzen. Der Rest ist beten und hoffen, dass man verschont bleibt.

Meiner Meinung nach entsteht der ultimative NGO-Skandal nicht im Fundraising oder im Finanzbereich, sondern in unseren inhaltlichen Programmen. Darum müssen wir immer prüfen: Sind unsere Projekte sinnvoll und entfalten sie die nötige Wirkung?

Impact in den Vordergrund

Die Menschen werden uns in Zukunft immer kritischer auf die Finger sehen. Das nutzen NGO-Gegner, die uns schaden wollen und die Wirksamkeit der „Entwicklungshilfe" immer häufiger öffentlich in Frage stellen. Das kann man gleichgültig zur Kenntnis nehmen oder es als Ansporn sehen, den Erfolg der Projekte messbar zu machen und weiter zu entwickeln.

Zur ausreichenden Transparenz gehören neben einem Jahresbericht auch Projektplanung und -controlling sowie offen geführte Diskussionen mit unseren Stakeholdern dazu. Neben wirtschaftlichen Prüfberichten muss der nachprüfbare Impact unseres Tuns stärker in den Vordergrund! Allgemeinsätze wie

70

„Wir haben XX Projekte umgesetzt" oder das Vermelden von „großen Erfolgen" in Berlin oder Brüssel werden in Zukunft nicht ausreichen.

Abgesehen von den Förderern einiger Kampagnenorganisationen wollen unsere Spender keine para-politischen Kräfte unterstützen, sondern effektive Projekte. Doch Kritiker werfen uns genau das zunehmend vor: politische Kräfte oder der verlängerte Arm der Politik zu sein. Und dagegen müssen wir uns wappnen.

Unsere Spender wünschen sich von uns meist schnelle und nachhaltige Hilfe bei bestehenden Missständen. Viele unserer Ziele überdauern politische Erscheinungen. Was heute ein politischer Selbstläufer ist, kann morgen schon eine lahme Ente sein. Sich als Organisation an eine politische Strömung oder Ideologie anzuhängen ist auf Dauer schädlich und lässt die Glaubwürdigkeitskrise des Politikbetriebs auf uns abfärben.

Natürlich gehört die Beeinflussung der Politik zu unserem Geschäft, aber viele Menschen, die ich treffe, empfinden eine immer größere „Kopf- oder Theorielastigkeit" bei Organisationen. Das ist gefährlich, denn es bedeutet eventuell den Kontaktverlust zu unserer Spenderbasis. Das darf auf keinen Fall passieren. Konstruktive Kritik am Programm darf in einer modernen Organisation nicht sakrosankt sein.

21. I'm overhead: Effektivität versus Effizienz?

Im Jahr 2012 habe ich in meiner Kolumne über die Kampagne „I'm overhead" geschrieben. Sie widersprach der verbreiteten Meinung, niedrige Verwaltungskosten per se als Qualitätsmerkmal zu sehen und versuchte, das Missverhältnis bei der Darstellung der Verwaltungskosten geradezurücken. Denn damit wird ein Wert herangezogen, der bestenfalls etwas über die Effizienz einer Organisation aussagt, aber keineswegs über die Effektivität.

Gemeinnützige Organisationen wollen in erster Linie die Wirkung ihres Satzungszwecks maximieren und optimieren. Eine NGO, die sich dem Gorilla-Schutz verschrieben hat, muss möglichst viele Gorillas schützen. Dabei effizient zu arbeiten ist vernünftig, aber es gibt auch Maßnahmen, die dem Schutz der Gorillas dienen, die Verwaltungskosten aber erhöhen. Wäre es ein Qualitätsmerkmal der Organisation, die Verwaltungskosten in diesem Fall zu begrenzen und weniger Gorillas zu schützen als möglich?

Aus öffentlicher Sicht (Politik, Medien, Spendenmuffel) ist es verführerisch, die Qualität einer Organisation an einem scheinbar unbestechlichen Merkmal festzumachen. Eine einheitliche Definition von Verwaltungskosten ist allerdings niemandem vorgeschrieben und die Strukturen und Aufgaben von Organisationen sind so vielfältig, dass ein einheitliches

Bewertungsmodell niemals objektiv sein kann. Hohe Verwaltungskosten können bei der einen Organisation gleichzeitig gerechtfertigt sein, bei einer anderen aber ein Indiz für eine katastrophale Struktur sein und umgekehrt.

Dennoch bestehen Bewertungssysteme, die eine gewisse Spanne an Verwaltungskosten für akzeptabel erklären und so zwischen Gut und Böse unterscheiden möchten, obwohl das nicht nur zu kurz, sondern auch zur Seite gesprungen ist. Ich frage mich schon immer: Erkennt der Spender daran tatsächlich, ob eine Organisation ihre Aufgabe erfüllt und nicht nur, ob sie eifrige Erbsenzähler beschäftigt? Genauso fraglich ist es, die Aktivitäten von NGOs nach ideologischen, politischen oder ästhetischen Merkmalen bewerten zu wollen. Wie misst man denn, ob eine Werbung zu emotional ist? Im Vergleich zu was und wem? Wie bewertet man das objektiv? Ob eine Organisation ihre Aufgabe erfüllt und dabei ihre Ressourcen sinnvoll nutzt, kann man nur in einer Gesamtbetrachtung und nach einer sinnvollen Priorisierung bewerten. Die Betriebswirtschaft ist nur bedingt hilfreich. Letztlich entscheiden unsere Spender, ob sie etwas gut oder schlecht finden. Für mich der beste Gradmesser!

Für die Zukunft wird es immer wichtiger, den Impact als entscheidendes Qualitätsmerkmal in den Vordergrund zu stellen. Die Menschen haben ein recht gutes Gespür dafür, ob etwas Sinn macht oder nicht. Wenn eine NGO immer noch die gleichen Themen bespielt wie vor 30

Jahren, stellen sich denkende Wesen irgendwann die Frage, ob etwas schiefläuft. Ist alles in Ordnung, müssen wir das lautstark zum Ausdruck bringen. „Good Governance" bedeutet nicht nur, das Geld zu zählen, sondern auch, immer wieder selbstkritisch herauszufinden, ob wir noch auf dem richtigen Weg sind und gegebenenfalls etwas zu ändern. Die Qualität einer Organisation ist die Summe ihrer Eigenschaften. Verwaltungskosten spielen dabei eine wichtige Rolle, wichtiger sind aber die Ziele und die Zielerreichung. Verändert unsere Arbeit etwas auf der Welt zum Guten?

Tauschen wir zum Abschluss meiner Gedanken den Zweck meines oben genannten Beispiels, die Gorillas, durch Menschen aus. Um das Leben eines einzigen Menschen zu retten, würde ich im Zweifelsfall auf die Verwaltungskosten pfeifen – und das bin ich bereit vor jeder Instanz zu vertreten!

22. It's just emotions ...

Vor einigen Tagen erzählte mir ein Freund und Kollege, dass in seinem Umfeld das Thema Emotionen und Spenden gerade wieder auf kontroverse Weise diskutiert würde. Deshalb widme ich mich heute zum wiederholten Male diesem Thema, denn es ist so elementar wie die Aerodynamik in der Luftfahrttechnik.

Missachte ich beim Bau eines Flugzeugs die Aerodynamik, wird es niemals den Boden verlassen. Das ist ein physikalisches Grundgesetz und kann nicht außer Kraft gesetzt werden. Genauso verhält es sich mit Emotionen im Fundraising, insbesondere im Fundraising to the many. Die Gleichung ist einfach: keine Emotionen, keine Spenden, full stop!

Dieser Aussage liegen psychologische Grundgesetze menschlichen Handelns zugrunde. Wer sie missachtet, wird grandios scheitern und damit nicht nur keinen oder wenig Erfolg im Fundraising haben und so seinen Projekten dringend benötigte Mittel vorenthalten. Es gibt eine zweite Ebene des Misserfolgs. Denn weniger Spenden bei gleichbleibenden bzw. nur unterproportional sinkenden Kosten verschlechtern das Einnahmen-Ausgabenverhältnis der Organisation und damit ihre Effizienz. Im schlimmsten Fall heißt das: Spendensiegel adieu.

Da wir in der Massenansprache nur sehr kurze Zeit die Aufmerksamkeit der potenziellen Spender gewinnen können, brauchen wir die aktivierenden Eigenschaften der Emotionen ganz besonders. Das heißt, wir müssen eher das limbische System als die Ratio ansprechen.

Das Wirkungsmuster: Ich nehme eine Situation wahr, die mir nicht behagt, mein Mitgefühl, mein Mitleid und auch ein wenig mein Ekel werden angesprochen und ich suche nach einer ausgleichenden Handlung, die Abhilfe verschafft. Aus dieser Handlung ergibt sich ein Wohlbefinden und mein seelisches Gleichgewicht ist wieder hergestellt.

Das ist sehr vereinfacht dargestellt, trifft aber im Prinzip zu. Wenn der Reiz des wohligen Gefühls stark genug war, verlangt meine Psyche mehr davon. Das kann man als manipulativ empfinden, entspricht aber der Natur des Menschen. Das Aufzählen von Fakten oder großen Zahlen dagegen wirkt im Fundraising nicht im Ansatz so gut, wie Emotionen.

Wenn wir genau hinschauen, verwenden wir dieses Verhalten auch im Alltag ständig. Es ist zutiefst menschlich. Und wer die Realität auf den Kopf stellen möchte und „mehr mit Fakten" Fundraising betreiben möchte, outet sich als profunder Nichtkenner der Fundraising-Grundkenntnisse. Man sagt, mit dem Alter würde man milder, aber beim Thema Emotionen habe ich in den vergangenen 20 Jahren jeglichen Vorrat an Geduld verbraucht. Wir haben keine Zeit und nicht genug Geld, uns zum zigsten Mal mit diesem Thema zu beschäftigen.

Es ist kein Zeichen herausragender Intelligenz, gültige Grundsätze menschlichen Verhaltens infrage zu stellen. Das ist, mit Verlaub, philosophische oder ideologische Selbstbeschäftigung, die vor allem unseren Schutzbefohlenen nicht nützt. Es ist auch nicht besonders originell. Wer glaubt, die Idee von rationalem

Fundraising sei neu und originär, der darf sich getrost „Naiver Träumer" auf die Stirn tätowieren lassen. Die Anzahl der gescheiterten neunmalklugen Newcomer mit dieser großartigen Idee ist nicht mehr zählbar.

It is emotions! Es sind die Gefühle, die wir zu erwecken imstande sind, die unser Fundraising erfolgreich machen. Und es gibt absolut keinen Grund, sich dafür zu schämen. So lange unsere Mission wahrhaftig und solide ist, ist es unsere Aufgabe, die benötigten Mittel zu generieren. Daran ist nichts ehrenrührig! Ich jedenfalls bin stolz darauf, einen großen Teil meines Lebens dem Fundraising gewidmet und in dieser Zeit über 500 Mio. Euro gesammelt zu haben. Immer mit der nötigen Portion Emotionen – denn das macht uns zu Menschen.

23. Die Flachbrettbohrer

Warum treffen viele Organisationen oft falsche Personalentscheidungen im Bereich Fundraising? Der Spruch „Unsere Mitarbeiter sind unser wichtigstes Kapital." geht mir auf die Nerven, weil es sich oft um eine Floskel handelt. Die Zeit, in der man jeden Mitarbeiter einfach ersetzen konnte, sind vorbei. Ich sage sogar: es gab sie nie, das war immer schon eine Entschuldigung für schlechte Personalpolitik.

Trotz vieler Bildungsangebote gibt es deutlich zu wenig (gute) Fundraiser. Das ist kein deutsches Phänomen, sondern gilt auch für andere Länder. Es gehört viel mehr dazu, als die Techniken zu erlernen. Ohne die Fähigkeit, Emotion und Ratio virtuos zu verbinden und ohne ein vernünftiges Maß an Risikobereitschaft und Neugierde, kann man bestenfalls im unteren Mittelfeld schwimmen. Die großen Fundraiser sind häufig Diven mit den unterschiedlichsten Macken. Bis zu einem gewissen Grad unbequem zu sein, gehört zum Erfolg dazu.

Der Personalmarkt ist leergefegt …

… das gilt besonders für Fundraiser. Natürlich erhält man massig Bewerbungen auf jede Stellenanzeige, aber selbst, wenn man schwache Filter anlegt, bleiben oft wenige gute Bewerber, oft auch kein einziger übrig. Gelegentlich werden auch Seiteneinsteiger aus der Wirtschaft eingestellt, doch da muss ich eine ganze

Menge Wasser in den scheinbar wohlschmeckenden Wein gießen. Das ist weder eine innovative Idee noch passen die Persönlichkeitsprofile von Bewerbern aus der Wirtschaft und Fundraisern nur in seltenen Fällen zusammen.

Warum scheitern so viele Quereinsteiger aus der Wirtschaft?

Fundraising ist etwas anderes als klassisches Vertriebsmarketing. Die spezifischen Fundraising-Kenntnisse und die Komplexität werden in fast allen Fällen unterschätzt. „Wenn ich im Marketing erfolgreich war, mache ich Fundraising mit links." - Das wird ein Bewerber so explizit kaum sagen, aber so denken viele. Ich weiß das, denn ich bin ein solcher Quereinsteiger. Gerettet hat mich meine ausgeprägte Neugier, mein Talent zu kooperativer Menschenführung und mein altersmilder Mentor.

Die fehlende Profitorientierung und die Kultur in Organisationen unterscheiden sie elementar von Unternehmen. Die überdurchschnittlich hohe Zahl der Mitarbeiter ist eher idealistisch motiviert. Außerdem unterscheiden sich Kunden- und Spenderwerbung und -beziehung. Eine Spende hat keinen „Kaufvorteil", sie lässt sich nicht vor die Tür stellen, um den Nachbarn neidisch zu machen. Damit ist die „Kaufmotivation" oft niedrig und er erfordert emotionale Kompetenzen, diese Schwelle überwindbar zu machen. Problematisch sind auch die hohen Erwartungen an neue Mitarbeiter aus Unternehmen: Sie sollen schnelle Ergebnisse vorweisen, die oft elementare Änderungen in der

Struktur und der Instrumente erfordern. Da Quereinsteiger nicht auf Erfahrungswerte aus Organisationen zurückgreifen können, treffen sie oft Fehlentscheidungen.

Doch woher Mitarbeiter nehmen, die man braucht?

Auf lange Sicht bleibt Organisationen nur die Investition in die Akquisition von Highpotentials, diese konsequent weiterzubilden und zu halten. Bei Bewerbern aus der freien Wirtschaft sind einige Essentials sicherzustellen: Die ernsthafte Motivation und die Bereitschaft, bestehende Strukturen zu analysieren und zu übernehmen.

Es ließe sich zu diesem Thema noch viel sagen, aber ich kann an dieser Stelle nur einen Impuls geben. Die Zukunft gehört denen, die Mitarbeiter klug auswählen, sie bewusst entwickeln, binden und wertschätzen. Das erfordert einen langfristigen Horizont und eine Menge Geduld. Aber es lohnt sich.

24. Wird Spendergewinnung schwerer?

Allzu oft schwelgt man in Erinnerungen an vergangene Zeiten, in denen alles besser war. Meist war alles aber einfach nur anders.

Responsewerte um die 0,5 bis 0,7 Prozent in der Neuspenderwerbung per Brief scheinen inzwischen die Regel zu sein. Da verwundert es nicht, dass Budgetverantwortliche überlegen, ob sich das noch rentiert und dabei meist auf den ROI schielen. Die Finanzkollegen urteilen meist schnell, dass sich Direct-Mail nicht rechnet und viele Kollegen finden nicht die richtige Antwort und geben viel zu früh nach. Klar haben seit den 90er Jahren die Responsewerte tendenziell nachgelassen, aber es gibt bisher kein geeigneteres Instrument zur Neuspendergewinnung als Direct Mail. Ich muss es so hart sagen, aber wer dabei keinen Erfolg hat, dem fehlt entweder das handwerkliche Können oder das Wissen darum, was Erfolg im DM ist. Alle Organisationen, mit denen wir zusammen arbeiten, kennen durchschnittliche Responsewerte unter einem Prozent oder Durchschnittsspenden unter 30 Euro nicht. Wir haben weder einen Zauberstab noch geheimes Wissen, sondern liefern einfach nur handwerklich einwandfreie Arbeit und ausreichend Know How in diesem Bereich.

Woher kommt die Diskrepanz?

In den 90er Jahren haben sich viele Fundraiser ihr Knowhow autodidaktisch und hart erarbeitet. In den Organisationen setzte man auf die Erfahrung dieser alten Kämpen und die „Erfolg aus dem Handgelenk geschüttelt"-Highflyer-Maulhelden waren deutlich in der Minderheit. Erfolgsvorgaben wurden von Gremien und Geschäftsführungen realistisch gesetzt, nicht an schnelllebigen Investment-Strategien der Börsenblender orientiert, und man wusste, dass Spendenerfolg auf Ausdauer basiert.

Die Fundraiser heute werden von Programmanforderungen, Zeitgeist und unsinnigen Zielen getrieben. Es bleibt einfach keine Zeit, sich einem Thema mit der Gewissenhaftigkeit zu widmen, die notwendig wäre, um Erfolg zu haben. Nicht jeder konnte eine Persönlichkeit entwickeln, sich diesem Zeitgeist entgegen zu stellen und zur Not die beruflichen Koffer zu packen, wenn offensichtlicher Blödsinn kultiviert und mit klingenden, aber bedeutungslosen Namensschildern versehen wird. Viele sind auch nicht in den Genuss richtiger Vorbilder gekommen, weil diese entweder die Treppe hinauf gefallen sind, oder nicht schnell genug in Pension geschickt werden konnten.

Warum bin ich dennoch optimistisch?

Meine täglichen Erfahrungen helfen mir: Wenn wieder einer meiner Klienten mit ungewöhnlichem Erfolg glänzen kann, aber vor allem, wenn ich mit den zukünftigen Sternen am deutschen Fundraisinghimmel spreche. In jeder Fundraiser-Generation treffe ich nonkonformistische und mutige Frauen und Männer (allerdings überwiegend Frauen), die das Fundraiser-Gen in sich tragen, das aus funktionalen Fundraisern Vollblut-Fundraiser macht. Fundraiser, die sich auf die Erfahrungswerte der Altvorderen stützen, aber auch neue Entwicklungen aufnehmen und daraus mutige Flops und gigantische Erfolge machen. Immer im Wissen, dass es den Erfolg nur dann gibt, wenn man auch bereit ist zu scheitern. Von dieser Sorte Mensch sind einige in Deutschland unterwegs, manchmal in führenden Positionen, meist noch in der zweiten oder dritten Reihe. Und wenn die Finanzgenies, Überflieger und Dampfplauderer mit ihren schon in der Wirtschaft gescheiterten Konzepten, die eine oder andere Organisation an den Rande des Ruins getrieben haben, sind es diese frischen Geister, die alles zum Guten drehen werden.

Spendergewinnung erfordert inzwischen hochentwickeltes handwerkliches Können, Knowhow und Inspiration. Die Organisationen stehen sich aber häufig selbst im Weg, mit übertriebenen Zielsetzungen und Geschwindigkeitswahn. Und das macht Fundraising heutzutage tatsächlich schwer.

25. Brave New World

Seit ich im Fundraising meine Berufung gefunden habe, jagt alle Welt dem nächsten großen Ding, the next big thing, nach. In diesen über 20 Jahren habe ich so manches große Ding kommen und gehen und oft auch, in neuer Verpackung, wiederkommen sehen. 99 von einhundert dieser großartigen Neuerungen verschwinden nach kurzer oder langer Zeit sang- und klanglos auf dem Müllplatz der Fundraisingideen.

Es ist schwer, diese eine unter einhundert Ideen, die erfolgreich sein wird, im Anfangsstadium zu erkennen. Ich gehe noch weiter: Es ist im Voraus eigentlich überhaupt nicht möglich. Deshalb bleibt uns als Fundraisern nichts anderes übrig, als zu versuchen, möglichst viel Schrott auszusondern und vielleicht, wenn wir sehr gut sind, das Verhältnis auf eins zu zehn zu senken.

Wir müssen bereit sein, von zehn Ideen neun als Holzweg zu akzeptieren, wenn die zehnte eben erfolgreich ist. Das war für mich jedenfalls immer das Verhältnis, das ich als sehr gut für meine Arbeit angenommen und mit dem ich immerhin über eine halbe Milliarde Euro eingesammelt habe.

Eine Idee verfolgt mich jedoch seit Jahrzehnten: das bewegte Bild erfolgreich im Fundraising in Deutschland einzusetzen. Schon in den 90ern habe ich die ersten Versuche mit DRTV unternommen, aber der durchschlagende Erfolg blieb bis in die 2010er-Jahre aus.

Zu dieser Zeit hatte ich die Gelegenheit, für eine INGO einen DRTV-Spot, der in England und Schweden erfolgreich war, in Österreich zu testen. Meine Erwartungen waren gering, umso mehr überraschte mich der grandiose Erfolg des Spots. Heute weiß ich, dass ich in den 20 Jahren davor einfach das Handwerk nicht gut genug beherrscht hatte und mich auf die falschen Berater (bekannte Marken- oder Business-DRTV-Agenturen) verlassen habe. Aber es kommt noch ein anderer Faktor dazu, nämlich der richtige Zeitpunkt. Ist der Markt reif für eine Idee und sind die organisatorischen und infrastrukturellen Gegebenheiten ausreichend?

Durch das Web, die sozialen Medien und Smartphones/Tablets haben sich unser Medienverhalten und damit auch die Möglichkeiten zum Einsatz des Bewegtbilds in unserer Arbeit innerhalb kürzester Zeit komplett verändert. In den vergangenen vier Jahren habe ich umfangreiche Tests mit dem „Moving Image" durchgeführt, die mich zu dem Ergebnis gebracht haben, dass wir am Anfang eines tatsächlichen Umbruchs im Fundraising stehen, des Zeitalters, in dem die verschiedenen Instrumente unserer Arbeit immer stärker miteinander verknüpft werden. Und eines der wichtigen Bindeglieder dafür ist das Bewegtbild. Das Bewegtbild gibt uns die Möglichkeit, insbesondere unseren rein digitalen, aber auch unseren analog-digitalen Aktivitäten die nötige Portion Emotion und

Authentizität zu verleihen, die für den Spendenerfolg so notwendig ist.

Auch dabei ist die Beherrschung des Handwerks der Schlüssel zum Erfolg. Dass es funktioniert, haben unsere ausgiebigen Tests bewiesen. Das klassische Mailing wird auf absehbare Zeit nicht verschwinden, aber der richtige Mix von digitalen und analogen Instrumenten wird in Zukunft über Wohl und Wehe einer Organisation entscheiden. Und das Schöne daran ist, dass dank des veränderten Preisgefüges und der fortschreitenden Technik dieser Weg großen und kleinen Organisationen gleichermaßen offensteht. Ein wahrhaft demokratischer Umbruch.

Ich jedenfalls werde diesen wahrscheinlich letzten großen Umbruch in den verbleibenden zehn Jahren meiner aktiven Arbeit für und mit Organisationen mitgehen und vehement fördern.

26. Der Kern der Kompetenz

In den Neunzigerjahren beschäftigte ich mich zum ersten Mal bewusst mit dem Thema Fokussierung und Kernkompetenz. Als junges, wildes Nachwuchstalent verirrte ich mich das erste Mal in die wunderbare Vielfalt des Marketings. Die Welt stand mir offen und es gab so viele spannende Dinge zu tun. Doch bald merkte ich, dass diese Vielfalt zu einer immer größer werdenden persönlichen Belastung wurde.

Just zu dieser Zeit konnte man die ersten Artikel und Bücher zu diesem Thema lesen. Fokussierung auf die Kernkompetenzen war das neue Mantra. Aus der ausufernden Diversifizierung des Daimler-Benz-Konzerns hatte man gelernt, dass Wachstum auf horizontaler Ebene nicht unbedingt konkurrenzfähiger macht. Zu groß war die Gefahr, sich in der Vielfalt der verschiedenen Aktivitäten zu verlieren und das Gegenteil vom gewünschten Ziel zu erreichen.

Die richtige Dosis

Später konnte ich in vielen Organisationen den Drang zur Beschäftigung mit möglichst vielen unterschiedlichen Themen beobachten, der meines Erachtens bis heute anhält und sich über alle Arbeitsbereiche erstreckt. Eine zu große Bereitschaft, dieser Neigung nachzugeben, kann das Profil, den Markenkern aufs Spiel setzen.

Sich immer wieder mit neuen Dingen zu beschäftigen, sichert die Zukunft und Weiterentwicklung einer Struktur. Doch beschäftigt man sich zu sehr mit den schönen neuen Möglichkeiten, verliert man sich schnell in Belanglosigkeiten. Außerdem bringt von den Neuerungen, die einem begegnen, nur ein kleiner Prozentsatz tatsächlich einen Vorteil. Doch warum verlieren wir uns immer wieder in neuen Techniken und Aktivitäten? Die Antwort ist für mich ganz einfach: aus Langeweile. Sie entsteht gerne dann, wenn man glaubt, eine Aufgabe vollkommen im Griff zu haben und sie damit weniger Zeit in Anspruch nimmt.

Zwischen Routine und Herausforderung

Unser Job ist nicht immer ein Quell der Freude und Abwechslung. Vielen unserer Aufgaben fehlt im Alltag das spannende Element. Wir beherrschen die Aufgaben, so glauben wir, mit links. Dauerhaften Erfolg verspricht der richtige Einsatz von Mitarbeitern und ihren Aufgaben. Je nach Charakter und Fähigkeiten ist eine individuelle Mischung von Routineaufgaben und neuen Herausforderungen sinnvoll, die von der zuständigen Führungskraft individuell eingeschätzt werden muss. Denn der Drang zu Neuem ist nicht in jedem Menschen gleich verteilt. Ich bin überzeugt: Wenn man es als Führungskraft schafft, den richtigen Mix für sein Team hinzubekommen und die Struktur flexibel anpasst, führt das zu einem Performanceschub. Man sollte aber immer den Grundsatz im Kopf behalten: Grabe lieber in einer Mine tief als in vielen nur an der Oberfläche. Die

Möglichkeiten des Fundraisings mögen rasch steigen, aber die Kernkompetenzen unserer Aufgaben entwickeln sich nur sehr langsam weiter. „The next big thing" stellt in den seltensten Fällen unsere Arbeit und Vorgehensweisen auf den Kopf. Graduelle Verbesserungen sind meist noch das beste Ergebnis, das man erzielen kann – mit viel Glück.

Der Drang zu Neuem stellt sich oft ein, wenn jemand seinen Job nicht beherrscht. Niemand versagt gerne ständig und so kann sich der Drang entwickeln, einfach etwas anderes zu tun und damit nach Bestätigung zu suchen. Ein Warnzeichen sind ständige Fort- und Weiterbildungen in unterschiedlichsten Themenbereichen. Fokussierung und Stärkung der Kernkompetenzen sind wichtig für den Erfolg, ebenso wie über den Tellerrand hinaus zu blicken und Innovationen gegenüber positiv eingestellt zu sein. Die Regeln im richtigen Moment zu brechen oder anzupassen, entscheidet über Erfolg und Misserfolg.

27. Das Grauen hat einen Namen - DSGVO

Das DSGVO genannte Bürokratiemonster aus der Brüsseler-Datenschutz-Hexenküche entfaltet langsam, aber sicher sein zerstörerisches Werk. Die nervenden Cookie-Zustimmungen alle gefühlten 30 Sekunden sind dabei noch das geringste Übel. Denken die Autoren solcher Richtlinien über die Folgen ihrer „Wohltaten" für die Gesellschaft nach? Ich bin heilfroh, dass ich mich mit dieser Quadratur des Kreises nicht beschäftigen muss.

Für mich als Fundraiser stellt sich derzeit die Frage: Hat der ausufernde Datenschutz das Potenzial, dem Fundraising und damit der Finanzierung „der guten Tat" das Licht auszublasen? Die Wurzeln des Datenschutzwahnsinns liegen Jahrzehnte in der Vergangenheit. Die Volkszählung von 1987 ist meine erste bewusste Erinnerung an dieses Thema. Als ich in den neunziger Jahren die ersten Mailings in Millionenauflage für die CBM durchführte, lernte ich die praktischen Widrigkeiten im Zusammenhang mit dem Thema kennen. Von Mailing zu Mailing erhielten wir immer mehr Anfragen, woher wir die Adresse des Mailingempfängers hätten.

Die beginnenden Absurditäten im Umgang mit persönlichen Daten wurden damals schon sichtbar, denn den meisten Menschen war nicht klar, dass sie mit der Bestellung bei Otto, Quelle, Neckermann oder Weltbild, zugleich ihr Einverständnis zur Weiterverwendung ihrer Adressen für Werbezwecke gaben. Und dass damit auch ihr Eintrag auf der Robinson-Liste hinfällig wurde. Ohne diese

Einverständniserklärung war es jedoch Essig mit dem bequemen Einkauf per Post. Außerdem waren zu dieser Zeit noch viele Datensammler freigiebig im Umgang mit den anvertrauten Daten: Post, Telekom, Einwohnermeldeämter, KFZ-Zulassungsstellen und viele andere besserten damals offiziell oder inoffiziell im Datenbusiness ihre Budgets auf.

Als Verbraucher und Eigentümer meiner persönlichen Daten bin ich froh, dass diese Wildwest-Zeiten vorbei sind. Leider neigen wir in der EU und in Deutschland aber gerne zu Übertreibungen

Heute bedrohen die Datenschutzverordnungen und die angedrohten Bußgelder ganze Wirtschaftszweige (ausgenommen internationaler Datenkraken wie Google und Co), inklusive aller mailenden Organisationen. Dabei hat sich die Hybris der Menschen verstärkt. In Facebook, Instagram und Co teilen die gleichen Personen privateste Details aus ihrem Leben mit der Öffentlichkeit, die gleichzeitig „heroisch" gegen die Nutzung ihrer Daten „kämpfen". Dabei ist dieser Kampf längst verloren; zumindest bezüglich des Datenhungers von Behörden und multinationalen Konzernen. Einen Werbebrief bzw. ein Spendenmailing kann man im Zweifelsfall entsorgen. Die größere Bedrohung sind die Zugriffe staatlicher Stellen auf unsere Daten, Uploadfilter, Staatstrojaner, Onlinedurchsuchungen und Google und Co mit ihrem unersättlichen Hunger nach Daten, die sie für ihre „schöne neue Welt" benötigen. Doch diese Aktivitäten, die die Demokratie bedrohen, führen nur zu lauem Erregungspotenzial.

Während offizielle Stellen und multinationale Konzerne sich fröhlich bedienen, dreht man den Organisationen immer weiter den Zugriff auf die dringend benötigten Daten ab. Wenn sich die Absurditäten im Datenschutz so weiterentwickeln wie bisher, wird es für Organisationen bald unmöglich sein, Spenden auf klassischem Weg einzuwerben – und das dürften immer noch weit über 60 Prozent des gesamten Spendenvolumens sein.

Ich weiß nicht, wohin der Weg im Datenschutz uns führen wird und ich habe auch keine Lösung für den offensichtlichen Zielkonflikt, aber wir müssen uns noch viel aktiver mit diesem Thema beschäftigen – denn es ist überlebenswichtig für die Finanzierung unserer Projekte. Spendengewinnung basiert auf einer Spenderbeziehung und das wird sich auch im Internetzeitalter nicht ändern. Wird uns die Möglichkeit genommen, mit den Spendern in eine gefühlte 1-zu-1-Beziehung zu treten, sehen wir dunklen Zeiten entgegen.

Übrigens: Je größer der Aufwand wird, den wir treiben müssen, um die Datenschutzregeln zu erfüllen, umso schlechter wird das Verhältnis von Kosten zu Einnahmen im Fundraising. Und das ist laut vielen Umfragen eine der größten Sorgen unserer Spender.

29. Drei Tipps (nicht nur) für junge Fundraiser

Als ich Mitte der 90er Fundraiser wurde, war ich Marketingleiter einer mittelständischen Unternehmensgruppe mit rund 200 Mio. DM Umsatz. Aber wie so mancher meiner damaligen Kollegen überkam mich die Frage nach dem Sinn meines Tuns. Der damalige Kommunikationsgeschäftsführer der CBM, Herbert G. Hassold, zeigte mir eine neue berufliche Welt, in der ich meine Kenntnisse und Fähigkeiten für etwas Gutes einsetzen konnte.

Ich hatte immer gute Mentoren auf meinem Weg, von denen ich viel gelernt habe. Nicht nur fachlich einwandfreies Fundraising-Handwerk, sondern viele grundsätzliche Einsichten. Und diese sind für mich die wirklich wichtigen Aspekte für meinen Erfolg gewesen. Würde man mich nach den drei wichtigsten Erkenntnissen fragen, um ein guter Fundraiser zu werden, würde ich die folgenden Erfahrungen weitergeben.

Leitsatz 1: Erkenne den Spender als Mensch

Mein Kollege Günther bei der CBM hatte bei allem, was er tat, immer die Spenderin im Blick. Dieser Archetyp hieß bei uns damals „Oma Brömmelkamp" (wir waren damals schon divers, denn Oma Brömmelkamp war geschlechtslos). Er konnte sich so gut in sie hineindenken, dass er bei der Gestaltung der Mailings immer richtig lag und genau in ihr Herz zielte. Diese

Fähigkeit lag in seiner großen Lebenserfahrung, Menschlichkeit und Empathie begründet.

Junge Fundraiser ermutige ich zu einem offenen Geist, der bereit ist, andere Denkmuster zu verstehen und zu akzeptieren. Auch die Wissenschaft kann dabei helfen, die Zielgruppe besser zu verstehen – genauer gesagt die Neurowissenschaften, die Evolutionsbiologie und die Verhaltensforschung. Denn was Günther von Natur aus gegeben war, lässt sich heute wissenschaftlich erklären und reproduzieren.

Leitsatz 2: Fürchte Dich nicht

Im Gegensatz zu vielen Kollegen, lässt sich der Erfolg des Fundraisers in Euro und Cent berechnen. Das hat schon so manchem Kollegen die Schweißperlen auf die Stirn getrieben. Für ängstliche Menschen ist der Beruf ungeeignet! Wer nicht die Chuzpe hat, Risiken einzugehen, wird niemals sein volles Potenzial ausnutzen. Natürlich muss man Risiken so weit wie möglich minimieren – aber Fundraiser müssen immer mal wieder Entscheidungen treffen, auch wenn es noch eine Sicherheitslücke gibt. Das ist Teil des Erfolges. Wer von der Angst um seinen Job getrieben wird, kann keine High Performance bringen.

Leitsatz 3: Das Ziel ist das Ziel

Als Fundraiser muss unsere Richtschnur die monetäre Zielerfüllung sein. Muss ein Fundraiser sich ständig Gedanken über moralische oder ideologische Grenzen machen, sinkt seine Performance.

In einer gut eingespielten Organisation sollten gegenseitiger Respekt und das Wissen um die Tatsache, dass alle in der Organisation voneinander abhängen, selbstverständlich sein. Konstruktive Konflikte sind dabei gut und notwendig. Ist diese Konstellation nicht vorhanden, ist es die Aufgabe des Fundraisers an der Verschiebung des Machbaren kontinuierlich zu arbeiten. Zur Not muss man bereit sein, weiter zu ziehen.

Es gibt keine absoluten Wahrheiten

Freilich gibt es unzählige Ratschläge, wie man im Fundraising erfolgreich wird. Definitiv gehören ein offener, aber kritischer Geist, Mut, Verantwortungsbewusstsein, Standfestigkeit und diplomatisches Geschick dazu – eben ein gesunder Menschenverstand!

30. Die Freuden und Qualen von Events

Events üben oft eine magische Faszination aus – nicht auf alle und nicht auf jeden. Und leider sind die Faszinierten manchmal nicht die, auf die es ankommt (Spender, Vorgesetzte, Gremien). Auf der anderen Seite können Events die Höhepunkte eines Fundraiserlebens sein. Glamourös, inspirierend, finanziell erfolgreich.

Meine ersten beruflichen Events habe ich in den 1980ern erlebt und veranstaltet. Es war die Zeit, in denen Vertriebsleiter zur Motivation ihrer Mitarbeiter römische Orgien nachstellten oder Kreuzfahrtschiffe charterten. Nichts war zu groß oder zu dekadent und ich muss gestehen, dass auch ich mich der Faszination einer pfeilschnellen Fahrt auf der Nordschleife des Nürburgrings mit Rauno Aaltonen (finnische Rallye-Legende) nicht entziehen konnte. Mein allererstes eigenes Event war ein Eisstockschießen-Turnier Ende der 80er Jahre. Ein voller Erfolg und vergleichsweise rustikal und bodenständig. In den Neunzigern folgten kulturelle Events als ehrenamtlicher Kommunikationschef eines Theaters, darunter auch fast ein Konzert mit PUR. Leider kniffen meine Vorstandskollegen damals. Sie hatten Angst, dass die Location nach einem solchen „Rockkonzert" demoliert sein könnte.

Um das Jahr 2000 organisierte ich mein erstes Internetevent: die Live-Übertragung der viermillionsten Kataraktoperation aus einem kenianischen Buschkrankenhaus. Vor und nach der Operation funktionierte die Verbindung einwandfrei, während der OP selbst hatten wir einen Blackout – mein erstes großes technisches Desaster während eines Events. Zum Glück hatten wir eine Filmkonserve mit einer solchen OP parat. Dennoch wollte ich im Boden versinken. In meiner Zeit beim WWF folgte eine Vielzahl von Events, vom Frankfurter Opernball, bei dem wir Charitypartner waren und verschiedenste Face-to-Face-Techniken testeten (allesamt erfolglos), bis hin zu Golfturnieren. Ich kann kein Erfolgsrezept für Events geben, aber für mich habe ich fünf Checkpunkte im Kopf, die ich abhaken würde, bevor ich mich noch einmal in das Abenteuer Event hineinstürze.

USP: In der heutigen Zeit und bei der Vielzahl der Events muss die eigene Veranstaltung aus der Masse herausstechen. Potenzielle Großspender erhalten unzählige Einladungen, da muss ein besonderer Publikums-Magnet her, damit die Einladung angenommen wird. Am besten etwas, was man sich mit Geld nicht kaufen kann.

Organisation: Es gibt fast nichts Peinlicheres als eine dilettantische Organisation. Programm und Technik müssen perfekt sein. Wenn man das selbst nicht schafft, müssen Profis her.

Zielgruppe: Die Zielgruppe muss klar definiert sein, das Thema zu ihr passen, das Unterhaltungs-programm angemessen sein und einige „Prominente" wohl platziert werden.

Geduld: Events müssen oft reifen, bis sie beim Publikum die nötige Akzeptanz finden. Selten ist ein Event beim ersten Mal ein Hit. Langer Atem ist ein Muss!

Coolness: Lassen Sie sich niemals vom Glamour oder der Einmaligkeit einer Eventchance blenden. Sie können ein sehr erfolgreiches Instrument sein, bergen aber auch die Gefahr, grandios zu scheitern. Erfolg und Katastrophe liegen bei kaum einem anderen Instrument näher beisammen.

Meine persönliche Zusammenfassung: Als Eventveranstalter benötigt man Nerven wie Stahl, das Gemüt eines Metzgerhunds und die Gelassenheit eines buddhistischen Mönchs. Ich selbst würde mir das für kein Geld der Welt noch einmal antun, aber ich bin froh, dass ich es in meinem Leben so oft getan habe. Heute lasse ich mich lieber einladen und genieße es, einfach nur Gast zu sein.

31. Das Ziel ist das Ziel

Kurz nachdem ich mein Büro bei der Bensheimer CBM bezogen hatte, nahm mich mein Chef, Herbert G. Hassold, zur Seite und sagte mir, dass er mich beim IFC angemeldet hätte.

Es war das erste Mal, das ich am IFC teilnahm, und ich war fasziniert von der lockeren und offenen Atmosphäre. Herbert stellte mir sein, wie er es nannte, „Old Boys Network" vor, das erstaunlicherweise entgegen der Bezeichnung überwiegend aus Frauen bestand. Neben den deutschen „Networkern" waren es meist Briten und Amerikaner, die er mir vorstellte.

Ich hatte in der Vergangenheit schon international gearbeitet. Also war es mir nicht fremd, in englischer Sprache mit Menschen aus anderen Kulturen zusammenzuarbeiten.

Und so fiel es mir auch nicht schwer, schnell Kontakt zu finden, zum „Old Boys Network" und auch zu den damaligen „Youngstern" der Branche – Kontakte, die zum Teil bis heute Bestand haben und von denen einige zu wirklichen Freundschaften wurden.

Den IFC besuchte ich von da an in jedem Jahr, und ich verrate bestimmt kein Geheimnis, wenn ich sage, dass der wahre Erkenntnisgewinn dieser Veranstaltung nicht nur in den Master Classes und Workshops zu finden ist.

Gerade die „inoffiziellen" Gespräche mit den anderen Teilnehmern sind für mich immer wichtiger gewesen als das offizielle Programm.

Die amerikanischen und britischen Fundraiserinnen und Fundraiser waren damals den kontinentaleuropäischen Kollegen meist meilenweit voraus. Leider muss ich heute erkennen, dass dieser Abstand zwar geschrumpft ist, es aber immer noch einen Vorsprung der Angelsachsen gibt.

Wir können also von den internationalen Kollegen lernen, und diese inzwischen auch von uns. Nicht nur von denen aus den USA oder dem UK. Gerade die Kollegen aus Asien, Südamerika und Afrika holen mächtig auf. Und sie zeigen uns, dass man einen neuen Fundraising-Markt nicht nur auf eine Art aufbauen kann.

Wenn man sein Fundraising-Repertoire um frische Ideen bereichern möchte, muss man über den Tellerrand des eigenen Landes schauen.

Der Grund für den immer noch vorhandenen Vorsprung der Angelsachsen liegt für mich nicht in „sophisticated techniques", sondern in der „attitude"!

Die Einstellung zum Fundraising, zur persönlichen Professionalität, zum Präsentieren und Ansprechen von Spendern auf jeglicher Ebene, ist eine komplett andere. Nach rund 25 Jahren in der internationalen Fundraising-Szene muss ich leider konstatieren, dass die Briten und Amis einfach stärker „determined" sind als die Kontinentaleuropäer, insbesondere die Deutschen. Die Niederländer bilden dabei als erfahrene Seefahrer und Handelsnation mit jahrhundertealten Erfahrungen mit anderen Kulturen eine Ausnahme. In Deutschland sind wir leider oft zu nachdenklich, unsicher, zweifelnd und risikoscheu. Für uns ist manchmal der Weg wichtiger als das Ziel. Ich habe oft erlebt, dass Mitarbeiter ein hervorragendes Ergebnis erzielt haben, aber dennoch grübelnd mit sich haderten, weil der Projektablauf nicht perfekt war. Das ist hinderlich und führt vom Weg ab.

Wir können im Kontakt mit Kollegen und Kolleginnen aus anderen Ländern viel lernen. Aber bitte nicht nur Technisches. Wir sollen freilich keine Amerikaner oder Briten eins zu eins kopieren, aber etwas mehr Mut zum Risiko und zu ungewöhnlichen Wegen wünsche ich mir schon. Nicht nur von den Fundraisern, sondern auch und vor allem von den nächsthöheren Ebenen bis hinauf in die Gremien.

Für mich ist nach all diesen Jahren im Fundraising immer mehr **das Ziel das Ziel** geworden und nicht der Weg. Zumindest zu 50 Prozent, denn ich bin zur Hälfte Niederländer.

32. Zeitenwende?

Eigentlich will ich in der Kolumne so wenig wie möglich über meine aktuellen, persönlichen Aktivitäten sprechen. Heute möchte ich diese Regel aber brechen.

Kurz nachdem ich meinen Podcast „Der Blaufuchs – Fundraising kontrovers" gestartet hatte, überrollte auch mich die Coronawelle und ich habe meinen Sendeplan für die erste Staffel im Mülleimer entsorgt und stattdessen eine Rubrik „Corona & Fundraising" eingeführt. Wie zu erwarten, wollte ich in dieser Rubrik den Auswirkungen von Corona auf das Fundraising nachgehen.

Die Gespräche, die ich zur Recherche dieser Sendungen durchgeführt habe, und die Interviews selbst haben alle ein eindeutiges Bild ergeben. Außer den natürlichen Auswirkungen auf Spendentools mit persönlichem Spenderkontakt, erwartete niemand der altgedienten Fundraiser*innen, die daran teilgenommen haben, einen Spendeneinbruch, sondern manche sogar eine Zunahme der Spendeneinnahmen. Und so wie es aussieht, behalten die Optimisten recht. Ist das verwunderlich? Eigentlich nicht. In den 25 Jahren, in denen ich im Fundraising tätig bin, hat eine Krise niemals zum Spendeneinbruch geführt, vorausgesetzt, man hat seine Fundraising-Aktivitäten nicht heruntergefahren. Und bei jeder Krise haben die Pessimisten gesagt, dass diese Krise jetzt etwas vollkommen anderes sei. So wie auch jetzt.

Angeschmiert waren tatsächlich all jene, die das Hauptaugenmerk ihres Fundraisings auf Tools mit direktem Spenderkontakt gesetzt hatten. Wie sich gezeigt hat, haben aber einige unserer Kolleginnen und Kollegen sehr flexibel auf die Situation reagiert.

Seit fast zwei Jahrzehnten erhofft oder befürchtet (je nach Befindlichkeit) die Fundraising-Gemeinde auf den Durchbruch im Online-Fundraising. Nun bin ich als Direct-Mail-Dinosaurier bekannt, aber vor einigen Jahren und vor allem im letzten Jahr habe ich meinen Fokus auf das Bewegtbild gelegt, da dieses Tool die optimale Ergänzung für das Fundraising in einer digitalisierten Welt ist. Und siehe da, viele Kollegen haben in der Not die Zeichen der Zeit erkannt und sind mutig eingestiegen. Neben Direct-Mail haben in dieser Krise DRTV und Digital-Video-Fundraising alle Rekorde gebrochen. Es gibt Organisationen, die bis zu 1.000 Spender pro Flight und ROIs jenseits der 1,0, manche bis zu über 3,0 erreicht haben. Damit ist das Internetfundraising endgültig im Standardrepertoire des professionellen Fundraisers angekommen, und da wird es sich so schnell auch nicht wieder vertreiben lassen.

Die klassischen Instrumente werden uns auch in Zukunft noch lange begleiten, aber das „New Kid in Town" hat sich emanzipiert und ist nun nicht mehr wegzudenken. Endlich kann man im Internet ernsthafte Spendenerfolge erzielen. Das deutsche Fundraising hat die disruptive Krise bis jetzt prima gemeistert und letztlich zu einem Erfolg verwandelt.

Wenn es so etwas tatsächlich gibt, dann ist das die Zeitenwende im Fundraising

33. Die Lust an der Krise

Heute muss ich mich an dieser Stelle leider outen: Ich mag weder Horrorfilme noch Geschichten ohne Happy End. Irgendwie gefällt es mir, wenn alles gut wird. Meine Frau meint, ich sei ein unverbesserlicher Optimist, und ich vermute, das soll nicht immer und nicht nur Zuspruch zum Ausdruck bringen.

Es ist mir klar, dass es manchmal nerven kann, wenn man einen Dauerweißseher an seiner Seite hat. Wo bleibt da der Thrill für bekennende Pessimisten, die „orthodox" an Murphy's Law glauben und deren Butterbrot grundsätzlich auf der fetten Seite landet? Gemäß meiner unverbesserlich optimistischen Grundhaltung habe ich mich schon zu Beginn der „Coronakrise" festgelegt: Diese Krise wird wie alle vorhergehenden Krisen der vergangenen 30 Jahre keine maßgebliche Auswirkung auf die Spendeneinnahmen haben. Davon ausgenommen habe ich gleich zu Anfang Maßnahmen, die auf den persönlichen Kontakt angewiesen sind, also Face-to-Face und möglicherweise Groß- und Unternehmensspenden.

Die Auswirkungen auf Face-to-Face-Maßnahmen waren freilich offensichtlich und die Auswirkungen auf Großspenden und Unternehmensspenden beziehungsweise -kooperationen habe ich selbst erlebt. Deshalb plädiere ich für eine Begrenzung dieser Einnahmearten bei großen Organisationen auf maximal 25 bis 30 Prozent am Gesamtspendenvolumen. Der Grund für meinen Rat ist das „Massaker", das ich 2008 während der Finanzkrise bei meinen Kolleginnen und

Kollegen in den USA erlebt habe. Der US-CEO einer weltbekannten, nicht näher benannten Organisation hatte mich bei einem internationalen Meeting in erfrischend amerikanischer Direktheit als notorischen Vertreter des „f*****g Old-Europe" bezeichnet, weil ich seinen Befehl hinterfragt habe, die 80 Leute starke Direct-Mail-Abteilung auf eine einzige Person zu reduzieren. Seine Erfolgsformel war ganz einfach: Das „f*****g expensive" Direct-Mail-Geschäft sollte durch „billig" akquirierte Großspender, Unternehmen und Stiftungen ersetzt werden. Kaum ein Jahr später hat ihn die 2008er-Finanzkrise erwischt, please excuse my French, wie der Blitz beim Sch****n. Ihn persönlich hat das nicht so sehr tangiert, aber die rund 200 Mitarbeiterinnen und Mitarbeiter aus allen Abteilungen schon, die deshalb ihren Job verloren haben.

Die Stärkung des One-to-many-Fundraisings ist die beste Krisenvorsorge. In den zweieinhalb Jahrzehnten, die ich im Fundraising tätig bin, wurde das Massengeschäft niemals wirklich von einer wie auch immer gearteten Krise erschüttert. Nur wenn im vorauseilenden Gehorsam die Budgets zusammengestrichen wurden, kam es zu Einnahmendellen. Wie meistens, zahlt sich wohlkalkulierter Mut auch in der Krise aus. Offenbar hat sich diese Regel in Deutschland inzwischen herumgesprochen. Trotz entsprechender Diskussionen haben viele Organisationen in der Coronakrise nicht gekniffen und ihr Programm durchgezogen oder die Budgets klug umgeschichtet.

Ehrlich gesagt bin ich auf meine Kollegen und Kolleginnen in Deutschland richtig stolz. In anderen Ländern wurden zum Teil Coronahorrorszenarien an die Wand gemalt. Aber wie anfangs schon gesagt: Ich mag keine Horrorfilme.

34. Nie wieder Ehrenamt?

Nach mehr als fünf Jahrzehnten Ehrenamt, vom Klassensprecher bis zum internationalen Board Member einer der größten Organisationen der Welt, fällt meine Bilanz zum Thema widersprüchlich aus.

Für den negativen Teil meiner Bilanz sind besondere Vertreter von „Ehrenämtlern" verantwortlich. Der harmloseste war dabei wohl der „Zeitdieb". Besonders viel hatte ich mit diesem Typus in meiner Zeit als Elternbeirat zu tun. Das waren die Kolleginnen und Kollegen, die anscheinend heimflüchtig waren und keine Gelegenheit ausließen, die Sitzungen möglichst bis in die Nähe der Mitternacht zu ziehen, mit Vorliebe durch kleinkarierte Diskussionen über Petitessen. Sehr enervierend, aber im Grunde, wie gesagt, harmlos.

Schlimmer waren die Typen, die ihr komplettes Leben der ehrenamtlichen Aufgabe opfern und dabei ihr Privatleben aus den Fugen geraten lassen. Das führt nämlich von Zeit zu Zeit zu menschlichen Dramen. Wer schon einmal Zeuge davon wurde, wie ein gehörnter Ehrenämtler mit einem Revolver im Anschlag nach dem jugendlichen Liebhaber seiner Frau suchte, während man diesen aus der Schussbahn zu bringen versuchte, weiß, wovon ich rede.

Am schlimmsten ist jedoch Typus 3, der kleine Cäsar. Aus welchem Grund auch immer erfreut er oder sie sich an machiavellistischen Intrigen, fein ziseliert und mit großer Energie zur Ausführung gebracht. Ohne Rücksicht auf Verluste treiben solche Barbarinnen und

Barbaren andere bis in den Burnout oder Selbstmordversuch. Ich habe auch das persönlich erlebt, und es blieb mir nichts anderes übrig, als diese lokale Gruppe zu schließen und die „Opfer" so gut wie möglich zu versorgen.

Was läuft im Leben solcher Menschen schief, dass sie sich selbst dadurch erhöhen müssen, dass sie andere erniedrigen und gar deren Tod für das Stillen der eigenen archaischen Gelüste in Kauf nehmen? Und warum tut man sich all diese Widrigkeiten freiwillig an?

Vor einigen Jahren erhielt ich die silberne Ehrenspange für 25 Jahre ehrenamtliche Mitwirkung in einem Verband. Als mir die silberne Ehrennadel ans Revers geheftet wurde, fiel mein Blick ins Publikum. Da waren sie, die Gesichter der stillen guten Geister, die aus Überzeugung und Ehrgefühl über Jahrzehnte ihren Dienst als Ehrenamtliche geleistet haben. Ohne Allüren, der Sache zutiefst verbunden und ohne dafür etwas zu verlangen. All diese Menschen, die in Deutschland Traditionen wahren, Liedgut erhalten, arme Menschen mit Nahrung versorgen oder Seniorinnen und Senioren im Alltag begleiten. Ja, Ehrenamt zu verwalten und zu leben ist oft mühsam, manchmal sogar fast unerträglich. Aber es ist einfach notwendig für eine funktionierende und humane Gesellschaft. Und letztlich ist es auch unendlich befriedigend.

Da oben auf der Bühne wurde mir all das wieder einmal klar: Wir wären alle arm dran, wenn es diese bescheidenen Menschen nicht gäbe. Und in diesem Moment habe ich auch all die Schaumschläger und Egomanen, die sich gelegentlich aus wenig ehrenwerten

Gründen unter die guten Menschen mischen, ins hinterste Eckchen meines Oberstübchens verbannt und sie vergessen.

35. Was Hänschen nicht gelernt hat, lernt Hans!

Für mich begann der Lockdown deutlich früher als für andere, denn im November 2019 ereilte mich ein Schub meiner Krankheit. Da ich ein tapferer Vertreter der „Alles Schlechte bringt auch potenziell Gutes mit sich"-Philosophie bin, habe ich einige meiner Erkenntnisse niedergeschrieben.

Blicke zurück und lerne

Ein von mir erwartetes Learning, das sich schnell abzeichnete: Krisen beeinflussen nicht zwingend die Spendeneinnahmen. Getreu der „selbsterfüllenden Prophezeiung" hatten Organisationen, die weitergemacht haben, keine finanziellen Einbußen, während unerfahrene Sparfüchse mit gestrichenen Fundraisingaktionen Einnahmenpotenziale gekillt haben. Niemand weiß, wie lange das Phänomen anhalten wird, aber da Spenderinnen und Spender üblicherweise sozial „gesettelt" sind oder sich im Rentenalter befinden, halten sich ihre finanziellen Einbußen im Rahmen. Daher sinkt die Spendenbereitschaft im Massenfundraising nicht spürbar oder verstärkt sich sogar.

Achte auf einen Fundraising-Mix

Wer auf kontaktintensive oder „Low-Cost-High-Income"-Fundraising-Formen gesetzt hat, musste erleben, dass diese krisenanfällig sind. Ich traue es mich kaum zu sagen, so platt ist oben genannte Einsicht. Der Engländer sagt dazu: „Don't put your eggs in one basket!" Ein Tool mag noch so verlockend sein, weil die Kosten niedrig und die Einnahmen hoch sind (EU- und Regierungsgelder, Stiftungen, Unternehmen, Großspender): Der Ausfall von verhältnismäßig großen Spenden lässt sich nur schwer und schon gar nicht kurzfristig ausgleichen.

Die digitale Transformation

Digitales Fundraising hatte seinen Durchbruch spätestens im Lockdown. Auch wenn die Zielgruppen jünger und internetaffin sind, ändern sich die Grundregeln nicht. Emotionen sind der spendenauslösende Faktor. Wer es nicht schafft, diese durch die Internetleitung zu transportieren, hat das gleiche Problem wie in der analogen Welt. Die visuellen digitalen Möglichkeiten machen es einfach: Ein Bild sagt mehr als tausend Worte! Ein bewegtes Bild mit Ton potenziert diese Regel. Wer Message, Bildsprache, Stimmtonlage und Moll und Dur der Musik beherrscht, wird den Erfolg kaum vermeiden können.

Topfundraiser auf Maui

Eines hat sich im Lockdown nicht verändert: der Mangel an guten Fundraiserinnen und Fundraisern. Leider muss ich aus Erfahrung sagen, dass viele Organisationen deren Schlüsselkompetenzen nicht begriffen haben. Sie jammern einerseits über fehlendes qualifiziertes Personal und erkennen andererseits das Potenzial von Spitzenkräften nicht. Eine Fundraising-Ausbildung ist kein Erfolgshindernis. Aber wie alle erfolgreichen Menschen sind erfolgreiche Fundraiserinnen und Fundraiser eher unkonventionelle Macherinnen und gnadenlose Optimisten als theoretisch hervorragend ausgebildete Formelanwenderinnen oder -anwender.

Eine positive Entwicklung des Lockdowns: Für mich als niederländischer Kurpfälzer war immer klar, dass ich niemals meinen Lebensmittelpunkt nach Berlin verlegen würde. Ebenso haben es Organisationen schwer, Spitzenkräfte in die gefühlte Provinz nach Südwestdeutschland oder an die polnische Grenze zu locken. Mit dem Homeoffice stellt das häufig kein Hindernis mehr dar.

Was habe ich persönlich gelernt?

Ich habe die digitale Transformation für mich vollzogen. Im Zusammenhang mit meinen schwindenden physischen Fähigkeiten wäre ich ohne die digitalen Möglichkeiten inzwischen extrem eingeschränkt. An meiner Lebenseinstellung hat sich nichts verändert. So platt es klingen mag: Nutze den Tag. Sei wahrhaftig, verbiege dich nicht und ziehe weiter, wenn die Zeit gekommen ist. Bleibe neugierig und sei bereit, immer wieder einen neuen Weg einzuschlagen, Neues zu erkunden und zu lernen. Bereue nichts, was du getan hast, sondern sei mutig. Mein Glaube hat mir dabei immer geholfen.

36. „Der große schwarze Hund"

… so nannte Winston Churchill seine Depression, die ihn in all den Jahren seiner Karriere begleitete. Er war einer der Macher und scheinbar Unbesiegbaren, die in stillen Stunden dem nagenden Selbstzweifel und der Hoffnungslosigkeit ihrer Depression ausgesetzt waren. Seine Marotte, sein Kriegskabinett über den neuesten Stand berichten zu lassen, während er im Feldbett lag, war wohl eher dieser Depression geschuldet als seiner schrulligen Art.

Burnout bezeichnet eine verfahrene Situation, die kein Vor und kein Zurück mehr erlaubt und genauso in Hoffnungslosigkeit mündet wie die Depression. Vor einiger Zeit haben zwei Angestellte einer internationalen Organisation keinen anderen Ausweg mehr gesehen, als sich das Leben zu nehmen. Die Umstände ließen den Schluss zu, dass die Arbeitsbedingungen einen Anteil an der Tragödie hatten (s. Kasten unten). Ist das ein Einzelfall? Gerade Menschen mit großer Hilfsbereitschaft und in sozialen Berufen sind anfällig für Burnout und Depressionen. Auch kommen Mobbing und ähnliche destruktive Prozesse gerne in Strukturen vor, die eine hohe Leistungsbereitschaft voraussetzen und in denen viele Menschen arbeiten, die bereit sind, alles zu geben. Am Ende meines regulären Berufslebens muss ich mir eingestehen, dass ich Ziel unzähliger „Mobbingattacken" gewesen bin und unter dysfunktionalen Strukturen und überambitionierten Zielsetzungen gelitten habe. Ich hoffe, dass ich als

„Leader" möglichst wenige Menschen zu weit über die Grenzen ihrer persönlichen Leistungsfähigkeit geführt habe.

Die meisten merken nicht, wann sie überfordert sind und wann sie andere überfordern. Druck ist für Erfolg unerlässlich und die wenigsten von uns erkennen, wann und vor allem wie lange unter Überdruck gehandelt wird. Ich bin mir jedoch sicher: Kaum jemand handelt aus bösem Willen. Aber was führt uns dann immer wieder in berufliche Situationen, in denen wir selbst oder andere Schaden nehmen? Die Gründe sind meines Erachtens immer ähnlich. Eine hohe persönliche Leistungsbereitschaft trifft auf eine Kultur, die alles dem gemeinsamen Ziel unterordnet. Eine solche Kultur fördert auch ein hohes Maß an Konkurrenzdenken und -verhalten und damit einen Druck, dem sich kaum jemand entziehen kann, ohne zum Außenseiter zu werden. Das Ergebnis ist zwangsläufig das Verfallen in Verhaltensmuster, die ihren Ausdruck unter anderem in Mobbing finden.

Wie gesagt: Ich bin überzeugt, dass sich die meisten Mobbenden ihres destruktiven Verhaltens nicht bewusst sind. Was also tun, um solche Verhältnisse zu vermeiden? Meine Laienmeinung: Führungskräfte aller Ebenen sollten grundsätzlich in Sachen gesundes Arbeitsklima, Leistungsanforderung und Mobbing geschult werden. Ich bin mir aber nicht sicher, ob man gute Führung in Kursen so vermitteln kann, dass die Führungsperson später in der überwiegenden Zahl der kritischen Situationen richtig handelt. Aber zumindest kommen wir so unserem Ziel näher, ein Arbeitsumfeld zu schaffen, in dem man gerne Leistung erbringt, ohne daran krank zu werden und Kolleginnen und Kollegen fertig machen zu müssen, um selbst zum Ziel zu gelangen.

Jeder und jede von uns muss die eigenen Grenzen erkennen und akzeptieren. Wenn das eigene Problem kein Gehör findet, muss man zu der Konsequenz bereit sein, die Situation und damit vielleicht den Job zu verlassen. Ganz zum Schluss stehen wir mit uns allein da und müssen mit dem Ergebnis leben. Gut für den, der dann sagen kann: „Ich bereue wenig.“

Was hülfe es dem Menschen, wenn er die ganze Welt gewönne, und nähme an seiner Seele Schaden?
Markus 8,36

Epilog

Letztlich sind wir aufrecht gehende Affen!

Warum spenden Menschen und gibt es eine Kultur des Gebens? Diese Frage, mit der ich mich seit fast drei Jahrzehnten beschäftige, kann man soziologisch, biologisch, psychologisch und auf viele andere Arten beantworten. Ich beschränke mich heute auf den evolutionär-neurowissenschaftlichen Ansatz.

Vor ungefähr sieben Millionen Jahren hüpfte ein kleiner Menschenaffe durch die Welt, den wir heute als den letzten gemeinsamen Vorfahren der Menschen und Menschenaffen betrachten. Von da an entwickelten wir uns auseinander. Der Mensch wurde zur einzigen globalen Spezies, erlernte den aufrechten Gang, bemächtigte sich des Feuers und entwickelte die Sprachfähigkeit. All das war nur möglich, weil sich unser Gehirn mit entwickelt hat.

Das limbische System und die Dunbar-Zahl

Das Leben eines Einzelgängers in der Urzeit war gefährlich, deshalb schlossen sich die Menschen zu Lagergemeinschaften zusammen, in denen es größeren Schutz vor Gefahren gab. Daraus bildeten sich schließlich Dörfer, Städte und Länder. Solche Gemeinschaften kommen nicht ohne Regeln aus. Wer führt die Gruppe an? Was passiert mit Kleinkindern, Alten und Kranken, die nicht für sich selbst sorgen können? Da half ein recht nützliches biologisches

Überbleibsel unserer Entwicklung, das schon vor Millionen Jahren existierte und das wir in dieser Funktion vor allem mit Menschenaffen teilen: das limbische System!

Das ist quasi unser Autopilot. Wenn uns in einem Streit verletzende Dinge „rausrutschen", hat unser limbisches System das Kommando übernommen. Es ließ und lässt uns in Gefahrensituationen nach Erfahrungsmustern handeln. Wer vor einem Säbelzahntiger steht, hat keine Zeit, über die beste Reaktion nachzudenken. Daher kennt das System nur wenige Grundreaktionsmuster: Angriff, Flucht, Totstellen und eventuell jemandem helfen, in der Reihenfolge: zuerst ich, dann Nahestehende, dann weiter entfernte Personen. Die Motivation: Selbst- und Arterhaltung. Die Reaktionsmuster sind erlernt oder genetisch vorgegeben und die Epigenetik spielt eine immer größere Rolle, also die Fähigkeit, Erlebtes in den Genen zu „speichern" und an Nachfahren weiterzugeben. Für unsere Fragestellung ist zudem eine Erkenntnis des Forschers Robin Dunbar sehr wichtig: Die Dunbar-Zahl ist die Zahl der möglichen sozialen Beziehungen, die ein Mensch verarbeiten kann, und das sind in der Regel 150.

Eine Theorie, die Spendenbereitschaft erklärt?

Warum empfinden wir das Bedürfnis, Menschen zu helfen, die sich außerhalb unserer Dunbar-Zahl befinden? Meine These: Das limbische System entwickelte sich, bevor wir abstrakte Zusammenhänge denken und artikulieren konnten. Es reagiert auf visuelle (Bilder), auditive (Geräusche), olfaktorische (Gerüche) und taktile (Berührungen) Reize. Später entwickelten wir unsere Vorstellungskraft, also Sprache im Denkprozess in Bilder zu fassen (Storytelling) und diese dem limbischen System als auslösende Reize hinzuzufügen.

Wenn unser limbisches System uns dazu bringen kann, abgespeicherte Handlungen als Optionen auf bestimmte Reize zur Arterhaltung auszuführen, könnte das auch den Spendenimpuls erklären und warum wir eher auf emotionale Reize (Mischung aus Fürsorglichkeit auslösend und bedrohlich) mit Spenden reagieren, statt auf logische Erklärungen. Ich finde es extrem spannend, dass unser Gehirn die theoretische Grenze der Dunbar-Zahl bei der Arterhaltung überwunden hat. Reaktionen auf emotionale Stellen in einem Buch, traurige Musik oder erschreckende Szenen in einem Film sind ein Indiz dafür, dass wir in bestimmten Situationen zwischen Realität und Fiktion nicht unterscheiden können.

Jede Gemeinschaft ist auf Dauer zum Aussterben verdammt, wenn sie keine Kultur des Gebens oder Helfens, ergo der Arterhaltung, entwickelt. In einigen Gesellschaften ist sie stärker, in anderen weniger stark ausgeprägt. Letztlich ist sie für das Überleben notwendig.